영어는 그림으로

MIRUDAKEDE WAKARU!! EIGO PICT ZUKAN by Kouji Muraki
Copyright © 2025, Kouji Muraki
All rights reserved.
This Korean edition was published by Noonkoip Publishing Co.,
ltd in 2025 by arrangement with PRESIDENT Inc.
Tokyo through KCC (Korea Copyright Center Inc.), Seoul.

이 책의 한국어판 저작권은 한국저작권센터(KCC)를 통해 저작권사와의
독점 계약으로 (주) 눈코입에 있습니다. 저작권법에 의해 한국 내에서 보호를 받는
저작물이므로 무단전재와 무단복제를 금합니다.

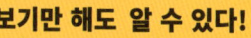

보기만 해도 알 수 있다!

영어는 그림으로

 talk
 of

say
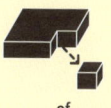 whisper

observe
 shout

마크 (무라키 코우지) 지음

scan	monitor	view	stare	chat	mutter

		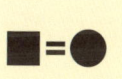			
call	whine	as	for	glance	with

레드스톤

시작하며

영어, 그림으로 뇌에 각인하라!

"중학교 수준의 기본 영어는 안다고 생각하는데, 막상 말을 잘 못하겠다…."
"TOEIC을 몇 번 봐도 점수가 오르지 않는다…."

영어를 배우고 싶거나 공부 중인 사람이라면 이런 고민을 해본 적이 있을 것이다. 나 역시 그런 '영어 난민' 중 한 명이었다. 사회인이 되어 영어를 다시 공부하기 시작했을 때 깨달은 사실은 "기초 영어는 배웠지만 실제로 사용할 수준은 아니다."라는 현실이었다.

현재 나는 기초 영어 문법과 TOEIC 대비 온라인 코치로 활동하고 있지만, 사실 원래 영어를 잘하는 편은 아니었다. 학생 시절 성적은 평균 이하였고, 영문학을 전공하지도 않았으며, 직장에서 영어를 사용할 일도 없어 20대를 영어와 무관하게 보냈다.

본격적으로 영어를 다시 시작한 것은 30대 초반이었다. 당시 회사에서는 승진을 위해 TOEIC 500점 이상이 필요했는데, 2년간 원어민 강사의 회화 수업을 들었지만 제대로 말도 못했고, TOEIC 점수는 계속 300점대에 머물렀다. 결국 일본인 강사에게 기초 문법을 배우기로 했다. 중학 수준의 문법은 안다고 생각했지

만, 기초부터 다시 공부하니 모르거나 오해했던 부분이 너무 많았다. '시제', 'be 동사', '품사 기능' 등 애매했던 개념이 명확해지면서 영어에 대한 이해도가 급격히 높아졌다.

이후 영어 공부가 재미있어졌고, 간단한 영어 문장을 읽을 수 있게 되었으며, 해외 지사와 영어 이메일로 소통할 수 있게 되었다. TOEIC 점수도 460점 → 550점 → 700점으로 상승했다.

TOEIC 900점을 넘다

영어 학습에서 흔한 오해는 "영어는 원어민에게 배우는 게 최고다."라는 생각이다. 내 경험으로 이는 완전히 옳지 않다. 기초가 부족한 상태에서 원어민과 무작정 회화를 해봤자 제대로 된 문장을 만들지 못하고, 외운 표현만 반복하게 된다. 오히려 기초를 탄탄히 다진 후 실전에 적용하는 방법이 더 효과적이었다.

이 방식으로 TOEIC 700점을 넘은 후, 해외 출장과 주재 기회를 얻었고, 회사의 해외 진출 프로젝트에 참여했다. 이후 태국 주재 시절에도 영어 공부를 계속해 800점 → 900점 → 940점(리스닝 만점)까지 달성했다. 지금은 온라인 코치

로 활동하며 전 세계를 누비며 노마드 생활을 즐기고 있다.

그림(픽토그램)이 영어 학습에 효과적인 이유

나는 X(트위터)에 픽토그램으로 영어 단어와 표현을 설명하는 콘텐츠를 올려왔다. 그림은 시각적 이해를 돕기 때문이다. 단순 번역이나 긴 설명보다 이미지로 연결하면 즉시 이해되고, 기억하기도 훨씬 쉽다. 실제로 구독자들로부터 "시제를 이제야 이해하게 됐다!", "뉘앙스 차이가 명확해졌다!", "중고교 교과서에 실어야 한다."는 반응을 정말 많이 받았다. 간결한 그림과 압축적 설명으로 10~20대 학생부터 30~40대 직장인까지 수십만 팔로워들의 열렬한 호응을 얻고 있다.

이 책의 특징

서점에는 초보자용 영어책이나 TOEIC 전문서가 많지만, 내용이 만만치 않다. 이 책은 '기초가 허약해서 실력을 탄탄하게 쌓아가기 어렵다.'고 생각하는 사람들을 위한 책이다.

- PART 1: 중학 영어의 핵심 개념 (look/watch/see 차이, 시제, 전치사)
- PART 2: 일상회화 필수 표현 (요리, 청소, 숫자 표현법)
- PART 3: 고빈도 구동사 (phrasal verbs) 활용법
- PART 4: 유의어 (think/consider/contemplate 등) 뉘앙스 비교
- PART 5: 반의어 (employer/employee 등)로 어휘력 확장
- PART 6: TOEIC 빈출 단어 (혼동하기 쉬운 단어, 다의어)

이 책은 나의 실질적 영어 학습 경험과 픽토그램 연재 노하우를 집약한 결과물이다. 여러분의 영어 학습이 한층 쉬워지고, 뉘앙스에 강해지며, 진짜 영어 실력이 차곡차곡 쌓이길 바란다.

마크 (무라키 코우지)

보기만 해도 알 수 있다!
영어는 그림으로

시작하며 ·················· 4
이 책의 사용법 ·········· 16

PART 1 중학 영어의 걸림돌을 픽토그램으로 극복!

1-1 비슷한 동사는 뉘앙스로 구분해 사용하기
여러 가지 '보다'의 쓰임 구분 ·· 18
여러 가지 '말하다'의 쓰임 구별 ······································ 20
- 플러스α 자동사와 타동사, 꼭 외워야 할까? ·············· 22

1-2 시제를 마스터하자
시제의 차이는 그림으로 기억하자 ··································· 24
- 플러스α '시제'에서 자주 헷갈리는 3가지 차이점 ······ 26

1-3 정도 부사는 %로 외우자
'빈도'를 나타내는 부사 ··· 28
'확실성'을 나타내는 부사 ·· 30

1-4 이미지로 이해하는 전치사

- '장소'을 나타내는 전치사 in, on, at 32
- '시간'에 사용하는 전치사 in, on, at 34
  - **플러스 α** 탈것에 쓰는 on, in, by 구분해서 쓰는 요령 36
- 공간(상하)을 나타내는 전치사 38
- 공간(내외·주변)을 나타내는 전치사 40
- 공간(움직임·방향)을 나타내는 전치사 42
- 관계·비교를 나타내는 전치사 44
- 시간을 나타내는 전치사 46

PART 2
일상 회화에서 쓸 수 있는 빈출 단어 & 표현

2-1 일상생활에서 자주 쓰는 '동작' 동사

- 요리 관련 동사(조리법 편) 50
- 요리 관련 동사(준비 과정 편) 52
- 청소 관련 동사 54
- 정리·정돈 관련 동사 56
- 하루 생활을 영어로 표현하기 58
- 사람의 '자세'를 나타내는 동사 60
  - **플러스 α** go 뒤에 to가 붙는 경우와 붙지 않는 경우 62

2-2 일상에서 자주 쓰는 '상태' 표현

사람의 '감정'을 나타내는 단어 ·········· 64
'성격'을 나타내는 형용사(긍정적 표현) ·········· 68
'성격'을 나타내는 형용사(부정적 표현) ·········· 70
> 플러스α 수동태와 능동태의 기본을 다시 확인해보자 ·········· 72

2-3 영어 특유의 물건 세는 방법

'음식과 음료' 개수 세는 법 ·········· 74
물건을 셀 때 사용하는 여러 가지 표현 ·········· 76
'많다/적다' 표현 방법 ·········· 78

PART 3 구동사는 핵심 이미지로 외운다

3-1 원어민이 자주 쓰는 구동사 (전치사 편)

on 구동사 ·········· 82
off 구동사 ·········· 84
up이 들어간 구동사 ·········· 86
down이 들어간 구동사 ·········· 88
in이 들어간 구동사 ·········· 90
out을 사용한 구동사 ·········· 92
for가 포함된 구동사 ·········· 94
> 플러스α 전치사가 '정반대'인데도 비슷한 의미가 되는 구동사 ·········· 96

3-2 원어민이 자주 쓰는 구동사 (동사 편)

go가 들어간 구동사 ··· 98
come이 들어간 구동사 ·· 100
get을 사용한 구동사 ·· 102
keep을 사용한 구동사 ·· 104
take을 사용한 구동사 ··· 106
make/give를 사용하는 구동사 ······························· 108

3-3 원어민이 자주 쓰는 구동사 (3단어 편)

3단어로 구성된 구동사 ·· 110

PART 4 한꺼번에 외우는 비슷한 뜻의 유의어

4-1 반의어로 단숨에 어휘력 향상!

'행하다'의 유의어 표현 ··· 114
'생각하다'의 대체 표현 ··· 116
'잠자다'의 여러 표현 ·· 118
'만들다'의 대체 표현 ·· 120
'부수다'의 대체 표현 ·· 122
'고치다'의 대체 표현 ·· 124
'바꾸다'의 대체 표현 ·· 126
'보여주다'의 대체 표현 ··· 128

'주장하다'의 대체 표현 ··· 130
'평가하다'의 대체 표현 ··· 132

플러스α　'do + 명사' 형태는 잘 안 쓰는 표현일까? ········· 134

4-2　유사한 단어의 사용법 구분

'크기·공간' 관련 유의어 ······································ 136
'감정' 관련한 유의어 ·· 138
'성질·특징' 관련한 유의어 ···································· 140
'정도·상태' 관련 유의어 ······································ 142
'성격·태도' 관련 유의어 ······································ 144
'감각' 관련 유의어 ··· 146
'시간·변화' 관련 유의어 ······································ 148

플러스α　어원과는 정반대 의미로 변한 단어들 ··········· 150

4-3　한 단계 수준 높은 표현으로 바꿔 말하는 법을 익히자

지겨운 very 대신 쓸 수 있는 표현들 ① ····················· 152
지겨운 very 대신 쓸 수 있는 표현들 ② ····················· 154
강조 형용사의 쓰임새 구분 ···································· 156
강조 부사의 쓰임새 구분 ······································ 158

PART 5 | 세트로 외우는 '반의어'

5-1 반의어로 단숨에 어휘력 향상!

'사람·입장'에 관한 반의어 ······ 162
'상태·성질'에 관한 반의어 ······ 164
'행동·동작'에 관한 반의어 ······ 166
'경제' 관련 반의어 ······ 168
'속도·시간' 관련 반의어 ······ 170
'증감'과 관련된 반의어 ······ 172
'상하'와 관련된 반의어 ······ 174

> 플러스 α 영어와 우리가 흔히 쓰는 말에는 차이가 있다!? ······ 176

5-2 반의어로 단숨에 어휘력 향상!

in-을 사용한 반의이 ······ 178
un-을 사용한 반의어 ······ 180
dis-을 사용한 반의어 ······ 182
in-/ex-/out-을 활용한 반의어 ······ 184

5-3 접미사로 반대말 만들기

-ful/-less를 사용한 반대말 ··· 186

> **플러스 α** don't like와 dislike는 어떻게 다를까? ········· 188

5-4 접미사로 반대말 만들기

in/out of 를 사용한 반대말 표현 ··································· 190

PART 6 토익에서 자주 출제되는 단어

6-1 비즈니스 현장에서 자주 사용되는 격식 있는 단어

격식 있는 동사 ① ·· 194
격식 있는 동사 ② ·· 196
격식 있는 형용사 ·· 198
격식 있는 명사 ··· 200

6-2 이런 뜻도 있다고!? 꼭 기억해두고 싶은 다의어

'동작·행위' 관련 다의어 ·· 202
'상태·성질' 관련 다의어 ·· 204
'물건·사물' 관련 다의어 ·· 206

6-3 철자가 비슷해 헷갈리기 쉬운 단어

l / r이 다른 유사 단어 ·· 208
a와 u만 다른 유사 단어 ·· 210
철자가 유사한 단어 ① ·· 212
철자가 유사한 단어 ② ·· 214
철자가 유사한 단어 ③ ·· 216

마크식 영어 습득의 비결

영어와 친해지기 위해 지금 당장 할 수 있는 것 ········ 48
영어 학습에서 포기하지 않는 3가지 비결 ················· 80
단어 암기에 탁월하게 효과적인 고속 반복 학습법 ······ 112
청취력 향상의 핵심은 '귀'가 아닌 '입'에 있다 ············ 160
영어회화 수업 효과를 크게 높이는 비법 ···················· 192

찾아보기 ················ 218

이 책의 사용법

이 책은 픽토그램(그림)을 활용해 영어 단어와 표현을 직관적으로 설명한다.
기본적으로 1가지 주제를 펼친 2페이지로 다루는 심플한 구조이다.
그림 → 번역 → 해설 순으로 읽으며 이미지와 의미를 연결하자.
비슷한 표현은 뉘앙스 차이에 집중해 비교한다.

섹션 제목: 각 장의 주제를 세부적으로 분류한 소제목.

테마 소개: 해당 항목의 핵심 내용을 헤드라인 + 간단 설명으로 제시.

학습 포인트: 다루는 단어/표현의 특징, 주의사항, 활용법을 설명.

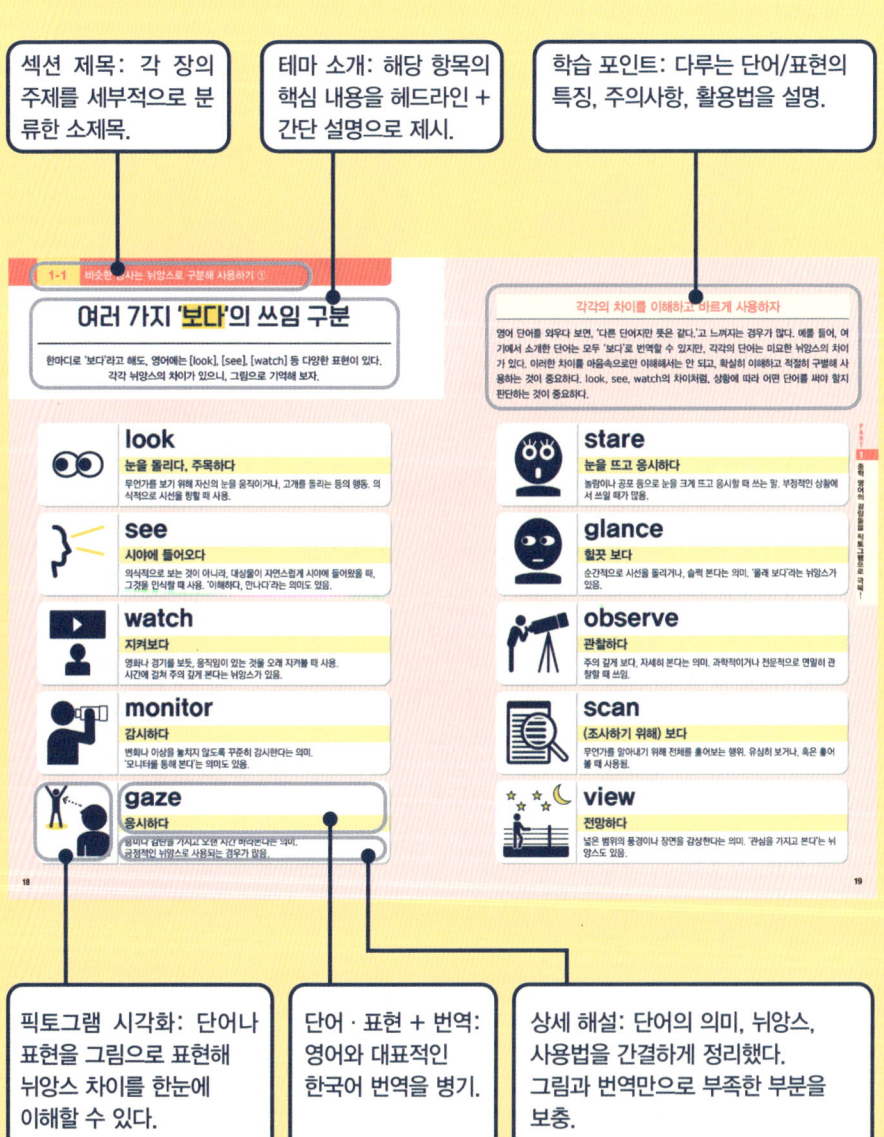

픽토그램 시각화: 단어나 표현을 그림으로 표현해 뉘앙스 차이를 한눈에 이해할 수 있다.

단어·표현 + 번역: 영어와 대표적인 한국어 번역을 병기.

상세 해설: 단어의 의미, 뉘앙스, 사용법을 간결하게 정리했다. 그림과 번역만으로 부족한 부분을 보충.

PART 1

중학 영어의 걸림돌을 픽토그램으로 극복!

'보다', '말하다'의 유의어와
시제 차이, 정도와 확실성을 나타내는 부사,
on, in, at을 비롯한 전치사 등
헷갈리기 쉬운 '영어의 기초'를 다시 복습해 보자.

1-1 비슷한 동사는 뉘앙스로 구분해 사용하기 ①

여러 가지 '보다'의 쓰임 구분

한마디로 '보다'라고 해도, 영어에는 [look], [see], [watch] 등 다양한 표현이 있다. 각각 뉘앙스의 차이가 있으니, 그림으로 기억해 보자.

look
눈을 돌리다, 주목하다

무언가를 보기 위해 자신의 눈을 움직이거나, 고개를 돌리는 등의 행동. 의식적으로 시선을 향할 때 사용.

see
시야에 들어오다

의식적으로 보는 것이 아니라, 대상물이 자연스럽게 시야에 들어왔을 때, 그것을 인식할 때 사용. '이해하다, 만나다'라는 의미도 있음.

watch
지켜보다

영화나 경기를 보듯, 움직임이 있는 것을 오래 지켜볼 때 사용. 시간에 걸쳐 주의 깊게 본다는 뉘앙스가 있음.

monitor
감시하다

변화나 이상을 놓치지 않도록 꾸준히 감시한다는 의미. '모니터를 통해 본다'는 의미도 있음.

gaze
응시하다

흥미나 감탄을 가지고 오랜 시간 바라본다는 의미. 긍정적인 뉘앙스로 사용되는 경우가 많음.

각각의 차이를 이해하고 바르게 사용하자

영어 단어를 외우다 보면, '다른 단어지만 뜻은 같다.'고 느껴지는 경우가 많다. 예를 들어, 여기에서 소개한 단어는 모두 '보다'로 번역할 수 있지만, 각각의 단어는 미묘한 뉘앙스의 차이가 있다. 이러한 차이를 마음속으로만 이해해서는 안 되고, 확실히 이해하고 적절히 구별해 사용하는 것이 중요하다. look, see, watch의 차이처럼, 상황에 따라 어떤 단어를 써야 할지 판단하는 것이 중요하다.

stare
눈을 뜨고 응시하다

놀람이나 공포 등으로 눈을 크게 뜨고 응시할 때 쓰는 말. 부정적인 상황에서 쓰일 때가 많음.

glance
힐끗 보다

순간적으로 시선을 돌리거나, 슬쩍 본다는 의미. '몰래 보다'라는 뉘앙스가 있음.

observe
관찰하다

주의 깊게 보다, 자세히 본다는 의미. 과학적이거나 전문적으로 면밀히 관찰할 때 쓰임.

scan
(조사하기 위해) 보다

무언가를 알아내기 위해 전체를 훑어보는 행위. 유심히 보거나, 혹은 훑어볼 때 사용됨.

view
전망하다

넓은 범위의 풍경이나 장면을 감상한다는 의미. '관심을 가지고 본다'는 뉘앙스도 있음.

1-1 비슷한 동사는 뉘앙스로 구분해 사용하기 ②

여러 가지 '말하다'의 쓰임 구별

자주 쓰이는 speak나 say 외에도, '말하다'를 의미하는 영어 단어는 많이 있다.
뉘앙스의 차이를 이해하고, 정확히 구분해 사용하자.

speak
말하다, 이야기하다

언어를 사용해 정보나 의견을 전달한다는 의미. 개인의 언어 능력에 초점을 둘 때나, 연설 같은 발표 형식의 말하기를 표현할 때 사용됨.

say
말하다, 입에 담다

말을 꺼내어, 특정 내용을 전달할 때 사용하는 표현. 상대방의 반응 여부와는 무관하며, 말한 내용 자체에 초점이 있다.

talk
대화하다

두 사람 이상이 감정이나 정보를 주고받는 대화. 주로 캐주얼한 상황에서 많이 쓰이며, 편한 분위기의 대화를 나타냄.

tell
말해주다, 전하다

상대에게 정보나 이야기를 일방적으로 전달할 때 쓰는 표현. 비밀, 이야기, 지시 등을 명확하게 전달할 때 사용됨.

call
부르다, 전화하다

누군가의 이름을 불러서 주의를 끌거나, 전화로 대화를 시도하는 의미. 도움을 요청하거나 급한 상황에서 자주 쓰임.

일상 대화 표현의 쓰임을 구분해 기억하자

'말하다', '이야기하다'를 영어로 표현하는 데는 여러 가지 단어가 있으며, 각각의 뉘앙스는 상황에 따라 달라진다. speak, say, talk, tell은 일상 대화에서 자주 쓰이기 때문에 보통은 편하게 사용되지만, 정확하게 구분해 쓰면 훨씬 자연스럽고 정확한 표현이 된다. 특히 speak는 '말하는 행위'를, say는 '무엇을 말했는지의 내용'을 중심으로 구분하면 이해하기 쉽다.

chat
잡담하다

캐주얼한 분위기에서 이야기할 때 사용. 특히 친한 사람들끼리의 편한 대화에서 많이 쓰이며, 특별한 주제가 없는 가벼운 이야기에 적합.

mutter
중얼거리다, 투덜거리다

작고 불분명한 목소리로 말할 때 사용. 특히 불평이나 불만을 말할 때. 혼잣말로 중얼거리거나, 남몰래 말할 때의 뉘앙스를 담고 있음.

shout
소리치다, 고함을 지르다

큰 소리로 외치거나 부를 때 사용. 특히 감정이 격해졌을 때나 위급 상황, 멀리 있는 사람에게 외칠 때 적합.

whine
징징거리다, 불평하다

슬픔이나 불만을 아이처럼 계속 표출할 때 사용. 징징거리거나 불만을 반복적으로 늘어놓는 등 부정적인 인상을 주는 말.

whisper
속삭이다

아주 작은 소리로 말할 때 사용. 상대에게만 들릴 정도로 작고 은밀한 목소리로 이야기할 때 쓰임.

플러스 α

자동사와 타동사, 꼭 외워야 할까?

동사에는 자동사와 타동사가 있다.
이 둘의 차이는 목적어가 필요한지 아닌지만이 아니라,
또 하나 중요한 포인트가 있다.

구별하는 판단 기준은 전치사의 유무

'look'은 자동사, 'see'와 'watch'는 타동사…… 그렇다면, "자동사랑 타동사, 뭐가 다른 건데?" "그런 거 하나하나 다 외워야 해?"라고 생각할 수도 있다.

사실 자동사든 타동사든, 단어의 뜻만 알고 있다면 문장을 해석하는 데 큰 지장은 없을 수도 있다. 하지만 문장을 쓰거나 영어로 대화하려면 자동사와 타동사의 구별은 매우 중요하다. 왜냐하면, 전치사 (in, on, at 등)이 필요한지 아닌지를 판단하는 기준이 되기 때문이다.

예를 들어, "자동사에는 목적어가 붙지 않는다, 타동사에는 목적어가 붙는다."라는 설명은 외운 적이 있을 것이다. 사실 목적어의 유무와 연관되어 또 한 가지 중요한 것이 있다. 바로 '전치사가 필요한지 여부'이다.

한편, 타동사는 목적어를 동반하기 때문에, 동사(V) 뒤에 바로 목적어를 이어서 쓸 수 있다. 전치사는 필요 없으며, 목적어는 생략할 수 없다. 자동사의 예를 살펴보자. I look. (나는 본다.)는 이것만으로 완전한 문장으로 성립한다.

look은 대부분 '보다'라고 번역되지만, 우리의 감각으로는 '무엇을?'이라는 대상이 신

자동사와 타동사의 차이

자동사	예시…… *I look.* (나는 본다)	목적어 불필요
	예시…… *I look at the watch.* (나는 손목시계를 본다)	전치사 필요
타동사	예시…… *I watch ●●.* (나는 ●●를 본다)	목적어 필요
	예시…… *I watch the movie.* (나는 영화를 본다)	전치사 불필요

경 쓰일 수 있다. 하지만 look은 '시선을 향하다'라는 눈이나 얼굴을 움직이는 상태를 나타내는 자동사이기 때문에, 무엇을 보느냐는 목적어가 필요하지 않다.

그렇다고 하더라도, look을 사용해 '~을 보다'라는 표현을 쓰는 경우도 많다. 그럴 때 필요한 것이 바로 '전치사'이다. 예를 들어, I look at the watch.(나는 손목시계를 본다) 와 같이, 동사와 목적어 사이에 전치사 at이 필요하다.

반면, see나 watch는 보는 대상을 나타내는 목적어가 필요한 타동사이다. 타동사의 경우에는 목적어를 동반하기 때문에, I watch the movie.(나는 영화를 본다)처럼 전치사는 필요하지 않다.

이처럼 전치사가 필요한지 아닌지를 구별하기 위해, 자동사와 타동사를 식별하는 것이 중요하다.

자동사·타동사 양쪽 역할을 가진 동사도 있다

성가신 점은, 영어에는 같은 동사라도 자동사와 타동사 양쪽의 역할을 갖는 동사도 있다는 것이다. move와 run이 좋은 예이다. move를 자동사로 사용할 경우 I moved to Seoul.(나는 서울로 이사했다)처럼 전치사가 필요하지만, 타동사로는 I moved the sofa.(나는 소파를 옮겼다)처럼 전치사가 필요 없다. 또한 run을 자동사로 사용하면 I run at the park.(나는 공원에서 뛴다)처럼 전치사가 필요하지만, 타동사로는 I run a café.(나는 카페를 운영하고 있다)처럼 전치사가 필요 없다.

이처럼 자동사냐 타동사냐에 따라 의미가 달라지므로 주의가 필요하다.

자동사·타동사 양쪽에 해당하는 동사의 예

move	〈자동사〉 I moved to Seoul. (나는 서울로 이사했다)	전치사 필요
	〈타동사〉 I moved the sofa. (나는 소파를 옮겼다)	전치사 불필요
run	〈자동사〉 I run at the park. (나는 공원에서 뛴다)	전치사 필요
	〈타동사〉 I run a café. (나는 카페를 운영하고 있다)	전치사 불필요

1-2 시제를 마스터하자

시제의 차이는 그림으로 기억하자

중학 영어나 TOEIC 등에서도 자주 헷갈리는 것이 '시제'이다.
픽토그램의 위치나 길이로 시각적으로 이미지화하면 이해하기 쉬워진다.

현재형
V
항상 하고 있다

현재진행형
be + V-ing
지금 하고 있다

현재완료형
have + pp
해본 적이 있다

현재완료진행형
have been + V-ing
지금까지 계속하고 있다

과거형
V-ed
했다

과거진행형
was/were + V-ing
그때 하고 있었다

언제 일어난 일인가?

현재형이나 과거형은 이해하기 쉽지만, 현재완료형이나 과거진행형이 되면 '언제 일어난 일인지' 혼란스러워하는 사람도 적지 않을 것이다. 시제를 이해하는 핵심은, 그 일이 '언제 일어났는지'를 파악하는 것이다. 아래 그림에서 진한 색 사람의 위치는 '언제 일어났는지'를 나타내고, 달리는 모습은 진행형을, 흐린 색 사람 모양과 빨간 화살표는 완료형을 나타낸다.

과거완료형
had + pp
한 적이 있었다

과거완료진행형
had been + V-ing
그때까지 하고 있었다

미래
will + V
앞으로 할 것이다

미래진행형
will be + V-ing
그때 하고 있을 것이다

미래완료형
will have + pp
그때쯤에는 끝나 있을 것이다

미래완료진행형
will have been + V-ing
그때까지 계속하고 있을 것이다

PART 1 중학 영어의 걸림돌을 픽토그램으로 극복!

플러스 α

'시제'에서 자주 헷갈리는 3가지 차이점

초보자들이 자주 막히는 영어의 시제. 특히 우리말에는 없는 현재완료형을
제대로 이해하지 못한 사람도 적지 않을 것이다.
시제를 이해할 때 빠지기 쉬운 3가지 오해를 여기서 설명하겠다.

현재형과 진행형은 어떻게 다를까?

시제에서 의외로 오해받기 쉬운 것이 바로 '현재형'이다. 현재의 일을 설명하는 게 현재형이라고 생각하기 쉽지만, 영어에서는 <u>과거부터 미래까지 습관적으로 해오고 있는 일도 '현재형'으로 표현한다.</u>

예를 들어 "I study English.(나는 영어를 공부한다.)"는 지금 이 순간 공부하고 있지 않아도 학교에서 영어를 배우고 있거나, 영어 학원에 다니고 있거나 등등 '나는 평소에 영어를 공부하고 있다'는 상태를 현재형으로 표현할 수 있다. 24페이지의 표에서는 '항상 하고 있는'으로 번역되어 있다.

그럼, '지금 이 순간 영어를 공부하고 있는 중이다'라는 표현을 하고 싶다면 어떻게 해야 할까? 이럴 때는 <u>'현재진행형'을 사용</u>한다. "I am studying English.(나는 지금 영어를 공부하고 있는 중이다.)"라고 하면 된다. 24페이지에서 '지금 하고 있다'고 설명하고 있으며, 달리는 사람 그림을 사용하고 있다.

마찬가지로 현재형으로 "I work at a hospital."은 "나는 (평소에) 병원에서 일하고 있다."는 뜻이 되고, 현재진행형으로 "I am working at a hospital."이라고 하면 "나는 (지금) 병원에서 일하는 중이다."가 된다. 어느 정도 이미지가 떠오를 것이다.

참고로, '동사의 -ing형태가 진행형'이라고 알고 있을지 모르지만, 엄밀하게 말해 진행형은 'be동사 + 동사의 -ing형태'이다. be동사를 잊지 않도록 주의하자.

과거형과 완료형은 어떻게 다를까?

또 하나 헷갈리기 쉬운 것이 과거형과 완료형일 것이다. 우선 24페이지에 있는 과거형과 현재완료형의 그림을 잘 비교해 보자.

기준이 되는 시점은 진한 색의 사람 그림으로 표시되며, 동작이 시작된 시점과 계속되고 있는 기간은 옅은 색의 그림으로 표현된다. 과거형을 보면 진한 색의 사람이 '과거'에 서 있는 반면, **현재완료형은 '현재'에 서 있다**. 그리고 과거에 서 있는 옅은 색 그림에서 화살표가 그려져 있다. 즉, 과거형은 과거의 한 지점만을 나타내는 반면, 현재완료형은 과거부터 현재까지 이어지는 동작이나 사건을 현재의 시점에서 말하고 있는 것이다.

완료형에는 '경험용법', '계속용법', '결과용법'의 3가지 용법이 있다. 24페이지 그림에 있는 '해본 적이 있다'는 이 가운데 '경험용법'에 해당한다.

완료형의 3가지 용법

경험용법
어떤 행동이나 사건이 과거에 한 번이라도 있었던 적이 있음을 나타낸다.
예: *I have visited Paris.* (파리에 간 적이 있다)

계속용법
과거부터 현재까지의 일정한 기간 동안 쭉 이어지고 있는 상태를 나타낸다.
예: *I have lived here for ten years.* (10년째 여기서 살고 있다)

결과용법
과거에 일어난 어떤 사건이나 행위가 현재의 상태에 영향을 미치고 있음을 나타낸다.
예: *I have lost my keys.* (열쇠를 잃어버렸다 [지금도 못 찾았다])

영어에는 미래형이 없다

의외로 잘 알려지지 않았지만, 사실 **영어의 동사에는 '미래형'이라는 것이 존재하지 않는다**. 미래를 나타낼 때는 조동사 'will'을 사용하거나, 'be going to'라는 숙어를 사용해서 표현할 뿐이다.

이 will이나 be going to도 사실상 '미래형'이 아니라 '현재형'이다. 25페이지 그림의 동사 시제 표시에서 '미래형'이 아니라 '미래'라고 적혀 있는 것도 이 때문이다. **동사는 어디까지나 현재형이며, 동사 자체가 변화한 것은 아니라는 점을 기억**해두자.

1-3 정도 부사는 %로 외우자 ①

'빈도'를 나타내는 부사

often과 usually 중 어느 쪽이 빈도가 더 높을까?
'빈도'를 나타내는 부사는 퍼센트로 기억하면 이해하기 쉬워진다.

| 0% | 20% | 40% |

always 언제나 / 늘

usually 대체로 / 보통은

frequently 자주

often 자주 / 가끔

sometimes 때때로

occasionally 가끔

seldom 거의 ~않는다

hardly ever 거의 없다

never 전혀 없다

번역이 아니라, 숫자로 이해하자!

'항상', '대체로', '가끔', '전혀 아니다' 등 빈도나 횟수를 나타내는 부사는 영어에도 많이 있다. 하지만 번역으로 기억하려 하면, 다른 부사와의 빈도 차이를 알기 어려운 경우가 자주 있다. 그래서 아래 그래프처럼 빈도를 퍼센트로 이미지화하면, 빈도의 높고 낮음을 훨씬 이해하기 쉬워진다. 숫자는 대략적인 기준이다.

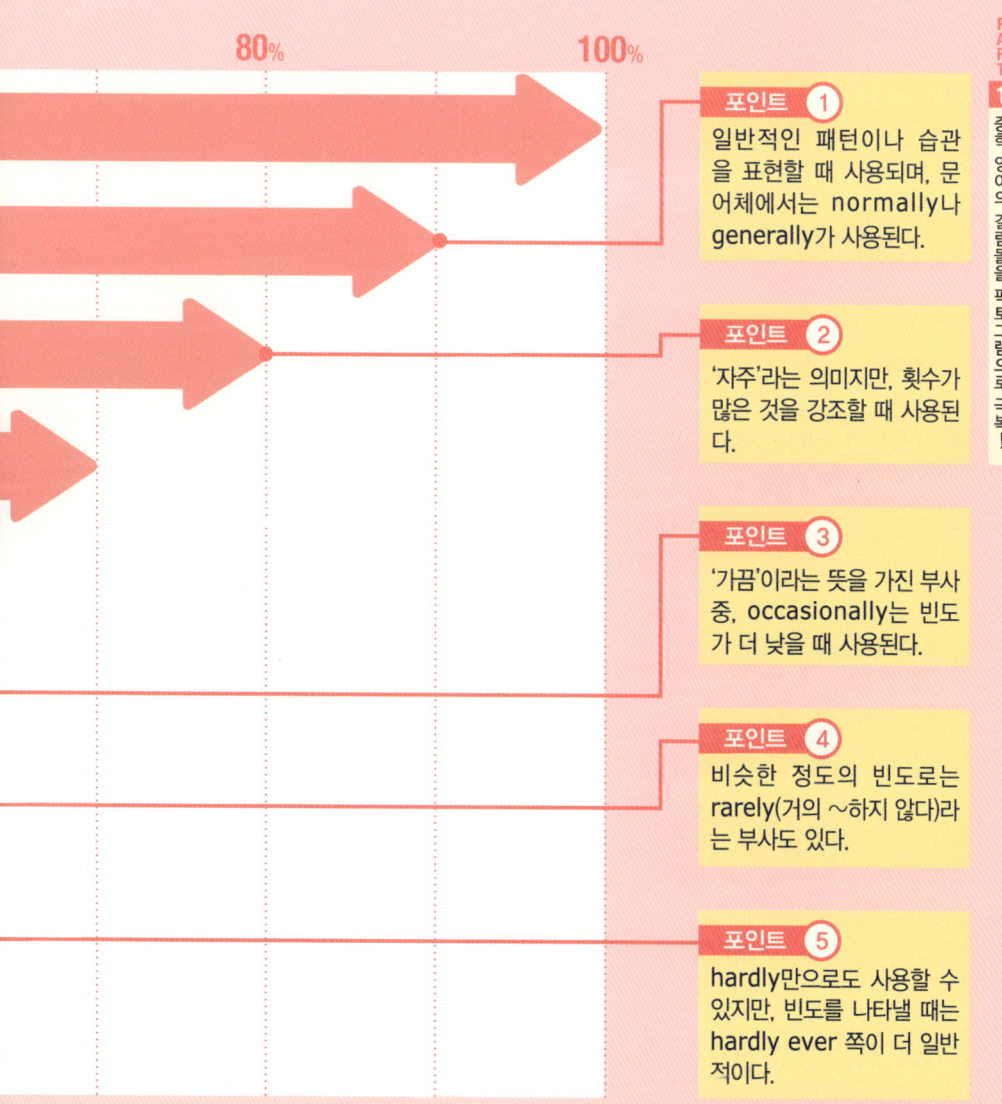

포인트 1
일반적인 패턴이나 습관을 표현할 때 사용되며, 문어체에서는 normally나 generally가 사용된다.

포인트 2
'자주'라는 의미지만, 횟수가 많은 것을 강조할 때 사용된다.

포인트 3
'가끔'이라는 뜻을 가진 부사 중, occasionally는 빈도가 더 낮을 때 사용된다.

포인트 4
비슷한 정도의 빈도로는 rarely(거의 ~하지 않다)라는 부사도 있다.

포인트 5
hardly만으로도 사용할 수 있지만, 빈도를 나타낼 때는 hardly ever 쪽이 더 일반적이다.

PART 1 중학 영어의 걸림돌을 픽토그램으로 극복!

1-3 정도 부사는 %로 외우자 ②

'확실성'을 나타내는 부사

영어에는 '아마도', '어쩌면', '확실히', '절대적으로' 같은 확실성을 나타내는 부사가 많다. 이들을 대략적인 퍼센트로 확실성의 정도를 시각적으로 이해하면 더 쉽다.

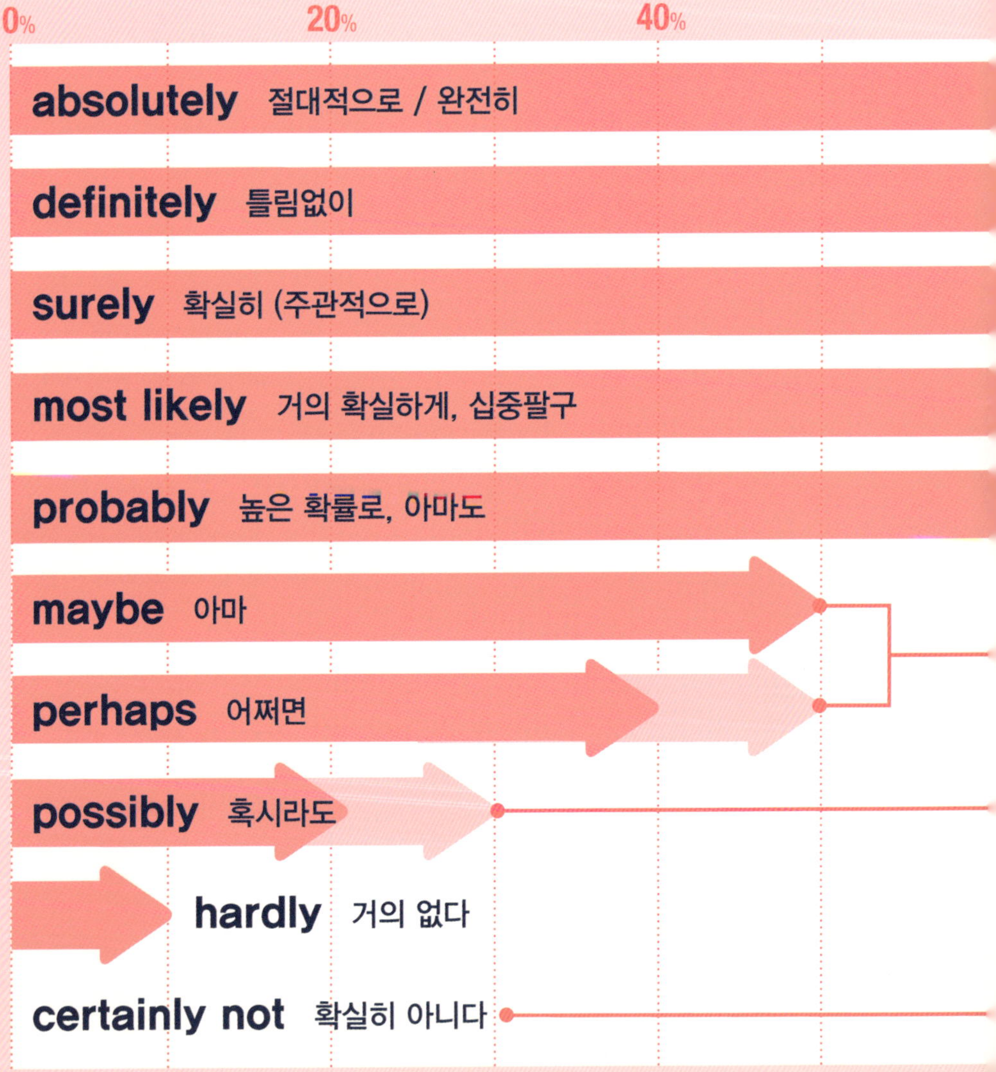

0%　　　　　　　20%　　　　　　　40%

- **absolutely** 절대적으로 / 완전히
- **definitely** 틀림없이
- **surely** 확실히 (주관적으로)
- **most likely** 거의 확실하게, 십중팔구
- **probably** 높은 확률로, 아마도
- **maybe** 아마
- **perhaps** 어쩌면
- **possibly** 혹시라도
- **hardly** 거의 없다
- **certainly not** 확실히 아니다

부사는 맞장구칠 때도 쓸 수 있는 유용한 표현이다

확실성을 나타내는 부사는 대화 중 맞장구를 치거나 의견에 힘을 실을 때에도 사용할 수 있다. 예를 들어, certainly(틀림없이!)나 definitely(틀림없어!)는 강한 확신을, surely(확실히)는 자신감 있게 말할 때의 주관적 확신을 나타낸다. 또한 certainly not(절대 아니야)나 absolutely not(결코 그렇지 않아)처럼 강한 부정도 표현할 수 있다. 이런 부사들을 익혀두면 표현력이 더 풍부해진다.

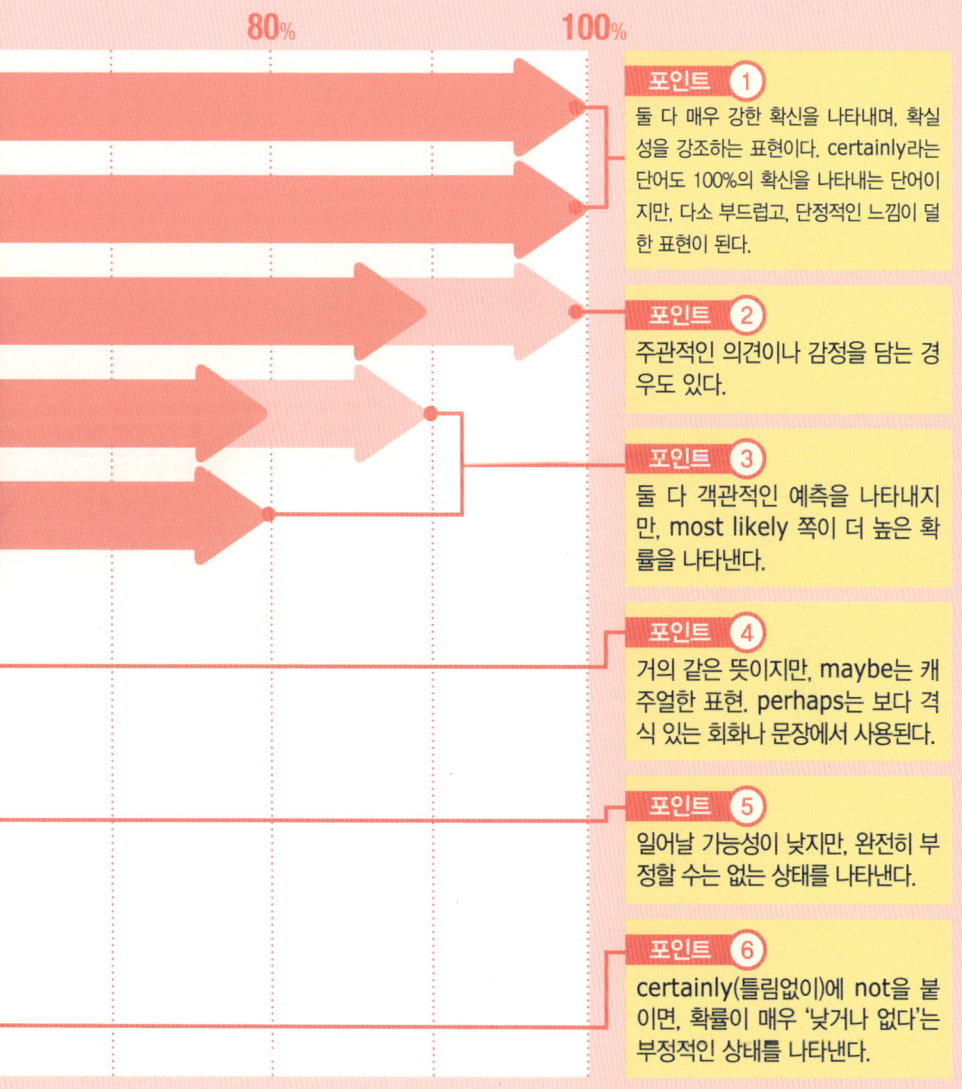

포인트 1
둘 다 매우 강한 확신을 나타내며, 확실성을 강조하는 표현이다. certainly라는 단어도 100%의 확신을 나타내는 단어이지만, 다소 부드럽고, 단정적인 느낌이 덜한 표현이 된다.

포인트 2
주관적인 의견이나 감정을 담는 경우도 있다.

포인트 3
둘 다 객관적인 예측을 나타내지만, most likely 쪽이 더 높은 확률을 나타낸다.

포인트 4
거의 같은 뜻이지만, maybe는 캐주얼한 표현. perhaps는 보다 격식 있는 회화나 문장에서 사용된다.

포인트 5
일어날 가능성이 낮지만, 완전히 부정할 수는 없는 상태를 나타낸다.

포인트 6
certainly(틀림없이)에 not을 붙이면, 확률이 매우 '낮거나 없다'는 부정적인 상태를 나타낸다.

1-4 이미지로 이해하는 전치사 ①

'장소'을 나타내는 전치사 in, on, at

장소를 나타낼 때 자주 쓰이는 전치사 in, on, at은
각각 '공간', '면', '점'의 이미지를 떠올리면 훨씬 더 쉽게 이해할 수 있다.

in
〈공간〉
둘러싸인 장소

in은 어떤 공간 안에 둘러싸여 있는 느낌을 표현할 때 사용한다. 건물이나 탈것처럼 주위가 막힌 구조물 안에 있을 때 쓰이고, in Korea처럼 나라나 지역 같은 일정한 범위 안에 있을 때도 사용한다.

사용 예

in a car
in a taxi
in the elevator
in the sky
in the room
in the library
in Korea

말이 아닌 이미지로 상황을 파악하자

장소를 나타낼 때 사용하는 전치사 in, on, at은 각각의 공간적 상황을 이미지로 이해하면 훨씬 쉽다. in은 공간 내부에 있는 이미지, on은 표면에 접하고 있는 이미지, at은 지도의 한 점처럼 핀포인트를 가리키는 이미지이다. 예를 들어, 같은 'office(사무실)'라도 '사무실 내부에 있다'는 의미를 나타내고 싶다면 in the office, 단순히 '그 사무실에 있다'는 점을 가리키고 싶다면 at the office라고 표현한다.

〈면〉 표면의 위

on은 면에 접하고 있는 이미지를 떠올리면 된다. 반드시 면의 '위'에 있어야 하는 것은 아니며, 천장이나 벽과 접촉하고 있는 경우에도 on을 사용한다. on a bus처럼 바닥 위를 돌아다닐 수 있는 탈것은 on을 사용하고, 택시처럼 움직일 수 없는 좁은 공간의 탈것에는 in을 사용한다.

사용 예
- on a bus
- on a train
- on a horse
- on the floor
- on the wall
- on the left
- on the way

〈점〉 정확한 장소

at은 정확한 '장소'를 가리킨다. 건물이나 장소의 크기에 상관없이, 그 장소 전체를 하나의 점으로 지목할 때는 at을 사용한다.

사용 예
- at home
- at the station
- at the office
- at the bus stop
- at the corner
- at the door
- at the entrance

1-4 이미지로 이해하는 전치사 ②

'시간'에 사용하는 전치사 in, on, at

시간을 나타낼 때도 자주 쓰이는 전치사 in, on, at. 이들의 쓰임을 구별하는 포인트는, 장소를 나타낼 때처럼 '면', '점', '공간(폭)'의 이미지를 떠올리는 것이다.

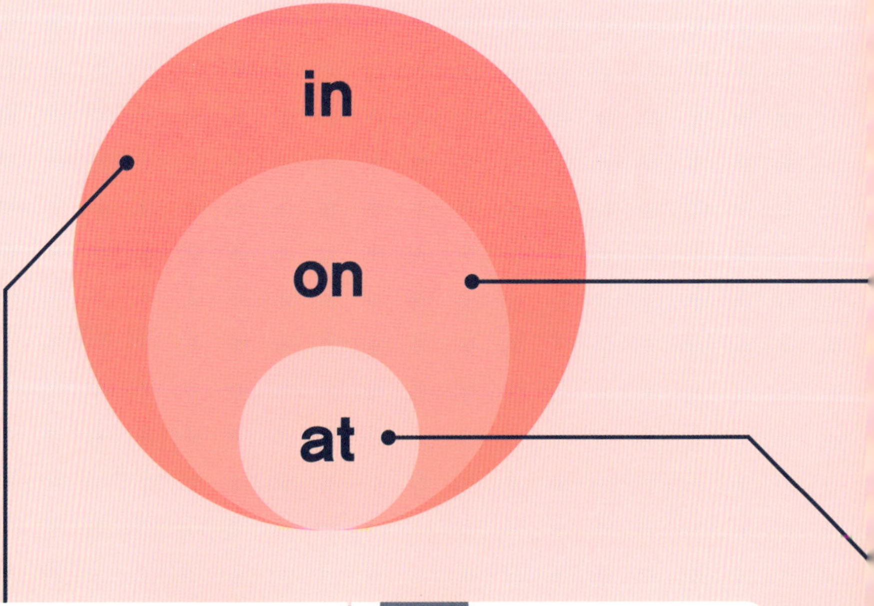

in / on / at

연도 · 월 · 계절

사용 예

in 2025
in the 1980s
in the 21st century
in the future
in October
in (the) spring
in the morning

in은 연도나 월, 계절처럼 어느 정도 기간이 긴 시간을 나타낼 때 사용한다. 예를 들어 in the morning처럼 하루 중에서도 넓은 시간대를 표현할 때도 in을 사용한다.

길이가 아닌 '범위'를 생각해서 구분한다

시간을 나타내는 단어 앞에 쓰이는 전치사는, 시간의 길이나 기간보다는 이미지로 파악하는 것이 중요하다. 기본적으로는 시각 = at, 날짜 = on, 월·연도 = in 이지만, in the morning 처럼 날짜보다 짧은 시간에도 in 을 쓰는 경우가 있다. 각 시간 단위에 정해진 길이가 있는 것이 아니라, 그 시간을 '점'으로 보는지, '면'으로 보는지, 어느 정도의 '폭'을 가진 것으로 보는지에 따라 달라진다.

날짜·요일

사용 예
on Sunday
on Monday morning
on my birthday
on a holiday
on September 17
on weekdays
on the weekend

on은 '평면에 접촉해 있는'이라는 뉘앙스를 가지며, 시간의 표현에 사용할 때는 달력(평면) 위의 날짜에 해당하는 이미지이다.

 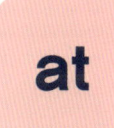

시각

사용 예
at night
at 7 o'clock
at 6:05
at noon
at midnight
at sunrise
at the moment

at은 9 a.m.이나 noon과 같이 시간의 한 점을 가리키는 '시점'을 나타낸다. 다만 예외적으로 at night이라고도 표현한다.

플러스 α

탈것에 쓰는 on, in, by 구분해서 쓰는 요령

영어로 '버스를 타고 있다'라고 말할 때, 전치사는 on일까, in일까?
탈것에 쓰이는 전치사는, 각각의 전치사가 가진 공간 이미지를
이해하면 훨씬 쉽게 구별할 수 있다.

in, on의 기본적인 규칙

in, on 같은 전치사는 영어 학습자에게 헷갈리기 쉬운 포인트 중 하나이다. 특히, in a car(차 안에 타고 있는), on a bus(버스에 타고 있는)처럼 탈것에 대해 사용할 때, 탈것의 크기나 예외적인 사례가 있어 더 헷갈릴 수 있다. 여기서는 그런 경우의 사용법을 설명한다.

우선 기본적인 규칙으로는, in은 안에 타고 있는 느낌이 강할 때 사용한다. 자동차, 택시, 그리고 소형 보트나 카누 같은 경우는 in을 쓴다. 예를 들어, I am in the car.(나는 자동차 안에 있어), She is in a taxi.(그녀는 택시를 타고 있다)처럼, 탈것의 공간이 작고, 안에 타고 있는 것이 강조될 때는 in을 사용한다. 서서 돌아다닐 수 없고 둘러싸인 내부에 들어가 있기 때문이다.

반면에 on은 탈것의 윗면에 타 있는 느낌, 또는 큰 탈것에 타고 있는 경우에 사용된다. 버스나 기차, 비행기처럼 다수와 함께 이용하는 큰 공간이 있는 교통수단에 많이 쓰인다. 예를 들어 I am on the bus.(나는 버스를 타고 있어), He is on the train.(그는 기차에 타고 있어), She got on the plane.(그녀는 비행기에 탔다) 같은 식으로 사용된다.

단, 자전거나 오토바이처럼 위에 걸터앉는 형태의 탈것에도 on을 사용한다. 예를 들어 I am on my bike.(나는 자전거를 타고 있어)가 있다. 이 경우는 탈것 안에서 돌아다닐 수 있는 것도 아니고, 사방이 둘러싸인 공간도 아니기 때문에, in이 아니라 단순히 '위에 접촉해 있다'는 느낌의 on이 사용된다.

달라지는 in과 on의 쓰임 (탈것의 경우)

in — 내부에 있는 느낌이 강한 경우
승용차, 택시, 작은 보트 등

on — 탈것의 윗면에 올라탄 경우, 또는 큰 탈것에 타고 있는 경우
버스, 기차, 비행기, 배, 자전거, 말 등

배에 관해서는 크기에 따라 in과 on의 사용법이 다르다. 작은 보트나 카누처럼 소형 선박의 경우에는 I am in the boat.(나는 보트에 타고 있다)처럼 in을 사용한다.

반면, 크루즈선이나 페리처럼 대형 선박의 경우에는 on을 사용하여 I am on the ship.(나는 배에 타고 있다), They are on a cruise.(그들은 크루즈 여행 중이다)와 같이 표현한다. 넓은 갑판이 있고 많은 사람들이 함께 타는 큰 배는 on이 더 자연스럽다고 할 수 있다.

수단을 나타내는 'by'

<u>수단으로 by를 사용하는 경우도 있다</u>. 예를 들어 I go to work by car.(나는 차로 출근한다), She travels by train.(그녀는 기차로 여행한다)처럼, 수단으로서의 탈것을 말하고자 할 때 by를 사용한다. 이때 주의할 점은, 교통수단의 명사는 불가산명사로 취급되기 때문에 관사 a를 붙이지 않는다. 이 경우 자동차나 기차가 실제로 숫자를 세는 물건이라기보다는 '교통수단'이라는 개념이 강하기 때문이다.

하지만 '누구의 차'나 '몇 시 출발 기차'처럼 특정한 탈것을 말할 때는 관사 the를 붙이고, by는 사용하지 않으며, 대신 in, on, take 같은 일반적인 '타다'라는 표현을 사용한다.

이처럼 교통수단과 관련된 전치사의 선택은 그 종류, 크기, 사용되는 상황에 따라 달라진다. 이 원리를 이해하고, 석설한 전치사를 사용할 수 있도록 하자.

수단을 나타내는 by

I go to work by car. (나는 차로 출근한다.)
She travels by train. (그녀는 기차로 여행한다.)

by는 수단으로서의 탈것을 나타낼 때 사용한다.

I go to work in the car. (나는 그 차를 타고 출근한다.)
She travels on the train. (그녀는 그 기차를 타고 여행한다.)

특정한 교통수단을 콕 집어 말하고 싶을 때는 관사 the를 붙인다.

1-4 이미지로 이해하는 전치사 ③

공간(상하)을 나타내는 전치사

전치사에는 in, on, at 외에도 여러 가지가 있다. 여기서는 '위아래'를 나타내는 대표적인 전치사를 소개한다. 그림을 보며 이미지를 머릿속에 그려보자.

up
~의 위에
사물이나 장소의 상방 또는 윗면에 위치함을 나타내지만, 위치 자체보다는 움직임이나 방향을 표현할 때 더 많이 사용된다.

down
~의 아래에
사물이나 장소의 하방 또는 아랫면에 위치함을 나타내지만, 위치 자체보다는 움직임이나 방향을 표현할 때 더 많이 사용된다.

above
~보다 위에
기준점이나 사물의 윗부분에 위치하며, 그 기준점보다 높은 곳을 가리킨다. 기준점과 직접 닿아있지 않은 상태를 상상하면 된다.

below
~보다 아래에
기준점이나 사물의 아랫부분에 위치하며, 그 기준점보다 낮은 곳을 가리킨다. 기준점과 직접 닿아있지 않은 상태를 상상하면 된다.

over
~를 넘어서
위에서 넘어가는 동작이나 사물 전체를 덮는 위치/움직임을 나타낸다. 물리적 의미뿐 아니라 추상적 의미로도 자주 쓰인다.

up과 above, down과 below는 어떻게 다를까?

영어에는 비슷한 뜻을 가진 전치사가 많지만, 각각 미묘한 뉘앙스 차이가 있다. 예를 들어, 일반적으로 자주 쓰는 up과 down은 단순한 위아래를 나타내는 반면, above(~보다 위에), below(~보다 아래에)는 어떤 기준에 대해 위인지 아래인지를 나타내는 뉘앙스이다. 또한 over와 beyond는 둘 다 '~을 넘어서'라는 뜻을 가지고 있지만, over는 위쪽을 덮듯이 넘는 이미지, beyond는 어떤 경계나 틀을 넘어서 더 먼 곳으로 나아가는 느낌을 준다.

beyond
~를 넘어서

한계를 초월한 저편이나 먼 곳을 나타낸다. 물리적·추상적 표현 모두 가능하다.

under
~의 아래에

물체의 바로 아래 위치를 의미한다. 규칙·법률·감독 하에 있는 상황에도 사용된다.

beneath
~의 아래에

물체의 아래에 위치하며, 보통 바로 밑을 가리킨다. under보다 격식 있는 표현이다.

atop
~의 꼭대기에

물체의 최상부에 위치함을 나타낸다. 일상회화에서는 on top of가 더 흔히 쓰인다.

upon
~의 위에, ~에 접촉하여

물체의 상부 위치나 접촉 관계를 나타낸다. on과 동일하지만, 격식 있는 문어체에서 주로 사용된다.

공간(내외·주변)을 나타내는 전치사

공간의 안과 밖, 주변을 나타내는 전치사에는 in, on, at 외에도 다양한 것들이 있다. 그림으로 위치 관계와 움직임을 상상하면 단어의 의미를 더 쉽게 이해할 수 있다.

out
~의 바깥쪽으로

물체의 외부로 이동하거나 바깥쪽에 위치함을 나타낸다. 실내에서 밖으로 나가는 것뿐 아니라 상황이나 조직에서 벗어나는 경우에도 사용된다.

inside
~의 안에서

둘러싸인 물체의 내부에 위치함을 나타낸다. 방 안이나 상자 안에 있는 물건뿐만 아니라 기업이나 단체 내부의 활동에도 사용된다.

outside
~의 바깥에서

물체의 외부에 위치하는 것을 나타낸다. out이 바깥으로 향하는 동작을 나타내는 반면, 이 표현은 주로 외부에 위치하는 뉘앙스를 전달한다.

between
~사이에

두 물체 사이에 위치하며 양쪽에 끼인 상태를 나타낸다. 대상이 명확할 경우 세 개 이상의 물체에 둘러싸인 상황에도 사용된다.

among
~에 둘러싸여

세 개 이상의 물체나 사람들 속에 위치하며 그 안에 포위된 상태를 나타낸다. 특히 집단이나 그룹 내부의 위치나 상태에 초점을 둘 때 사용된다.

공간적 위치 관계 이해하기

비슷한 뜻을 가진 전치사들이 많아 헷갈릴 수 있다. 예를 들어 between(~사이에)은 명확한 두 물체 사이에 낀 상태를, among(~에 둘러싸여)은 세 개 이상의 물체나 사람들에 포위된 상태를, around(~주위에)는 둘러싼 이미지를 나타낸다. 또한 beside(~옆에)는 바로 옆에 위치한 상태를, near(~근처에)는 거리상 가까운 상태를 표현한다. 이러한 위치 관계를 이미지로 파악하면 더 쉽게 이해할 수 있다.

around
~의 주위에, ~을 둘러싸고

물체의 주변에 위치함을 나타낸다. 특정 장소나 위치와 관계없이 넓은 범위에 흩어져 있는 상태도 표현할 수 있다.

beside
~의 옆에

물체의 바로 근처 인접한 관계를 나타낸다. 철자가 유사한 besides는 '게다가, ~에 더하여'라는 전혀 다른 의미를 가진다는 점에 주의하자.

near
~의 가까운 곳에

by도 비슷한 의미지만, by는 눈에 보이는 물리적 가까움을, near는 감각적인 가까움을 나타내며 더 넓은 범위에 사용된다.

behind
~의 뒤에

물체의 뒷부분에 위치하며 가려진 상태를 나타낸다. 또한 시간이나 사건 진행에서 뒤처짐을 표현할 때도 쓰인다.

opposite
~의 반대쪽에

물체나 장소의 정반대편에 위치하며 마주보는 상태를 나타낸다. 의견이나 입장이 대립할 때도 사용된다.

공간(움직임·방향)을 나타내는 전치사

공간의 위치 관계를 나타내는 전치사에는 위치뿐만 아니라 '~로'와 같은 움직임과 방향성을 표현하는 것들도 있다. 그림으로 보면 더 쉽게 이해할 수 있다.

across
~를 가로질러

물체의 표면을 횡단하거나 한쪽 끝에서 다른 쪽 끝으로 이동함을 의미한다. 가로 방향으로 움직이는 뉘앙스로, 길을 건너는 경우에 자주 사용된다.

along
~를 따라

물체나 길을 따라 움직이거나 존재함을 의미한다. 물리적인 대상뿐만 아니라 시간이나 감정 등을 표현할 때도 쓰인다.

into
~안으로

외부에서 내부로 움직이는 동작을 나타내며, 물체 안으로 들어감을 표현한다. 'in(~ 안에)'과 'to(~로)'가 합쳐진 의미의 전치사다.

onto
~위로

물체의 위쪽으로 움직이거나 그 위에 도달함을 나타낸다. 'on(표면 위)'과 'to(~로)'가 결합되어 움직임의 뉘앙스를 가진다.

through
~를 통과하여

어떤 공간이나 장소를 지나 출구나 반대편에 도달함을 나타낸다. 어떤 과정을 거쳐 결과에 이른다는 의미로도 사용된다.

그림의 화살표에 주목하고 움직이는 상태를 상상해보자

in, on, at을 제외한 움직임과 방향성을 표현하는 전치사들을 모아보았다. across(~를 가로질러), along(~를 따라), through(~를 통과하여) 등 그림의 화살표가 그 움직임과 방향성을 잘 보여준다. into와 onto는 in(위치) + to(방향)처럼 두 전치사가 합쳐져 한 단어가 된 것으로, 움직임을 상상하기 더 쉽다. 참고로 from(~에서)과 to(~로)는 장소뿐만 아니라 시간 표현에도 사용할 수 있다.

off
~에서 떨어져
어떤 물체에서 멀어지는 움직임이나 접촉이 해제됨을 나타낸다. 스위치를 끄거나 뚜껑을 여는 경우 등에 사용된다.

from
~에서
출발점을 나타내며, 어떤 장소나 물체에서 멀어지는 움직임을 표현한다. 물리적 대상뿐 아니라 추상적인 '기점'이나 '원인'을 나타낼 때도 쓰인다.

to
~로
도착점을 나타내며, 어떤 장소나 물체를 향한 움직임을 표현한다. 목적지에 '향한다'는 의미뿐 아니라 '도달한다'는 뉘앙스도 포함한다.

toward
~를 향해
목표나 목적지를 향해 나아가는 움직임을 나타내며, 방향성을 강조한다. to와의 차이점은 반드시 도달을 의미하는 것은 아니라는 점이다.

throughout
~의 모든 곳에
물체나 장소 전체에 걸쳐 퍼져 있는 상태를 나타낸다. 공간 전체에 두루 존재한다는 뉘앙스가 있다.

1-4 이미지로 이해하는 전치사 ⑥

관계·비교를 나타내는 전치사

in, on, at 이외의 관계성과 비교를 표현할 때 사용하는 전치사를 소개한다.
특히 of나 for는 다양한 뜻으로 해석될 수 있으므로,
이미지와 연결하여 기억하는 것이 좋다.

as
~로서

직업이나 역할, 기능을 나타내며, 무엇이 어떤 입장이나 역할인지를 표현한다. 예: as a teacher (교사로서)

for
~을 위해, ~에게

목적이나 이익, 또는 도착지를 나타낸다. '~을 위해'라는 목적을 표현하는 것 외에도 특정 대상에게 향함을 나타낼 때도 사용된다.

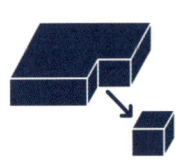

of
~의

소유나 관계를 나타낸다. 어떤 것에서 일부가 분리되는 이미지로, 부분이나 속성을 표현할 때도 쓰인다.

with
~와 함께

사물이나 사람이 함께 있는 상태, 또는 도구를 사용할 때 쓰인다. with my friends (친구들과), with a pencil (연필로) 등이 대표적 예이다.

by
~에 의해

수단이나 원인, 방법을 나타낼 때 사용된다. 무엇에 의해 그 행동이나 결과가 발생했는지를 표현한다.

말보다는 이미지로 기억하자

전치사 중에는 for(~을 위해, ~에게, ~로 향하여)나 of(~의, ~로, ~에 속하는) 등 여러 뜻으로 해석되는 단어들이 있다. 이런 단어들을 말만으로 이해하는 것은 어렵다. 예를 들어 for는 상대방에 대한 마음을 담아 '~에게'라고 할 때도 있고, 목적지를 나타내는 '~로'라고 할 때도 있다. 중요한 것은 이미지와 연결시키는 것이다. of는 '전체 덩어리에서 일부를 떼어낸다'는 이미지를 그리면 이해하기 쉽다.

about
~에 대해
주제나 테마와 관련된 정보나 내용을 나타낸다. 특정 사안이나 주제에 대해 말하고 싶을 때 사용한다.

vice
~의 대신에
대체나 교체를 나타내며, 어떤 물건이나 사람 대신 다른 것이 사용됨을 표현한다.

besides
~외에, ~에 더하여
추가나 병렬을 나타내며, 다른 요소를 더할 때 사용된다. '~을 제외하고'라는 의미로 쓰이기도 한다.

against
~에 반대하여
'~에 반대해서', '~에 맞서'라는 의미로, 물리적이든 추상적이든 대립하는 관계나 상황을 표현한다.

versus
~대(對)
주로 양자의 비교나 경쟁 상황을 나타낼 때 사용된다. 정치나 스포츠 경기 등에서 자주 쓰인다.

1-4 이미지로 이해하는 전치사 ⑦

시간을 나타내는 전치사

in, on, at 외에도 시간과 관련된 전치사는 많다. 시간 표현은 일상 회화뿐 아니라 TOEIC이나 TEPS 같은 시험에서도 자주 출제되므로 확실히 익혀두자.

before
~전에
특정 시점이나 사건 이전의 시간이나 상황을 나타낸다. 어떤 일이 다른 사건보다 먼저 발생할 때 주로 사용된다.

after
~후에
특정 시점 이후의 시간이나 상황을 나타낸다. 어떤 일이 다른 시간이나 동작보다 나중에 일어남을 의미한다.

during
~동안
특정 기간 내내 계속되는 상태를 표현한다.

since
~부터
과거의 특정 시점부터 현재까지 이어지는 상태를 나타낸다.

until
~까지 계속
특정 시점까지의 지속을 나타내며, 그 시점에서 종료됨을 표현한다. by와 달리 until은 그 시점까지 '계속되는' 상태를 강조한다.

전치사를 활용한 다양한 시간 표현 익히기

시간을 나타내는 전치사에는 in, on, at 외에도 since(~부터), until(~까지) 등이 있다. 이런 시간 관련 전치사들은 뉘앙스까지 이해해야 더 정확하게 표현할 수 있다. 43페이지에서 소개한 from(~부터)과 to(~까지)도 시간의 시작과 끝을 간단히 표현할 때 사용할 수 있다.

by
~까지(마감 기한)
특정 시간까지 어떤 일이 완료되어야 함을 나타낸다. until과 달리 지속 여부나 과정에는 관심이 없다.

about
대략, 약~
시간의 범위나 대략적인 시간을 나타낼 때 사용한다. 정확하지 않고 약간의 오차가 있을 수 있다.

throughout
~동안 계속
특정 기간 내내 지속적으로, 또는 그 기간 내내 계속됨을 의미한다. 해당 기간 동안 행동이 지속된다는 뉘앙스가 있다.

within
~이내에, ~사이에
'~이내' 또는 '~을 넘지 않고'라는 의미로, 시간이나 장소가 특정 범위 안에 있음을 나타낸다. 보통 within 뒤에 구체적인 기간이 온다.

per
~당, ~마다
per hour(시간당)이나 per month(월별)처럼, 기간이나 금액, 거리 등의 단위당 양을 표현한다.

마크식 영어 습득의 비결 ①

영어와 친해지기 위해 지금 당장 할 수 있는 것

휴대폰과 컴퓨터 언어 설정을 '영어'로 바꾸기

"영어를 잘하고 싶다." 이렇게 마음먹고 영어 공부를 시작하는 것은 매우 훌륭한 일이다. 하지만 막상 시작하려고 하면, 영어 관련 서적도 많고 회화 앱도 수없이 많으며, 유튜브에는 온갖 학습법이 넘쳐나서 무엇부터 해야 할지 몰라 망설이는 사람들이 많다.

이런 분들에게 가장 먼저 추천하는 방법이 있다. 바로 **휴대폰과 컴퓨터의 언어 설정을 '영어'로 바꾸는 것이다**. 유료 앱을 결제할 필요도 없고, 학원을 등록할 필요도 없다. 지금 당장, 누구나 무료로 시도할 수 있는 실천법이다.

물론 처음에는 화면이 모두 영어로 나와 당황할 수 있다. 하지만 자주 쓰는 앱이나 SNS는 기능과 위치를 이미 잘 알고 있기 때문에 크게 어렵지 않게 익숙해질 수 있다. 복잡한 설정을 해야 할 때는 잠시 모국어로 바꾸는 것도 괜찮다. 하지만 그 외의 일상적인 조작은 영어로 유지하는 것을 추천한다.

내가 이 방법을 처음 선택하게 된 계기는 해외 출장과 체류 중에 현지에서 지급받은 휴대폰이 기본적으로 영어로 설정되어 있었기 때문이다. 또한 현지 SIM 카드를 구입하려던 어느 날, 가게 직원이 내 휴대폰을 설정해주려다가 일본어 화면을 보고 난감한 표정으로 돌려주었던 경험도 있었다. 이런 일들을 겪으며, '이제는 기본 언어를 영어로 해두는 것이 좋겠다'고 결심했고, 그 이후로는 휴대폰뿐 아니라 컴퓨터 운영체제(OS), 브라우저, Google 등 모든 환경을 영어로 설정해두고 있다.

이것이 바로 누구나 쉽게 시작할 수 있는 '영어와 친해지는 첫걸음'이다. 꼭 한 번 시도해 보기 바란다.

PART 2

일상 회화에서 쓸 수 있는 빈출 단어 & 표현

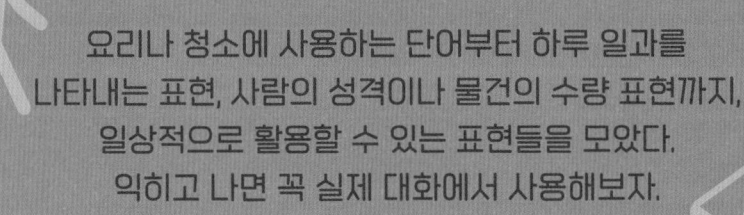

요리나 청소에 사용하는 단어부터 하루 일과를
나타내는 표현, 사람의 성격이나 물건의 수량 표현까지,
일상적으로 활용할 수 있는 표현들을 모았다.
익히고 나면 꼭 실제 대화에서 사용해보자.

2-1 일상생활에서 자주 쓰는 '동작' 동사 ①

요리 관련 동사 조리법 편

boil(삶다)나 fry(튀기다)처럼 친숙한 단어들을 포함하는 요리 관련 영어 표현. '저어주다'나 '뒤집다' 등 익숙하지 않은 단어들까지 그림을 보고 익히자.

boil
끓이다, 삶다
계란이나 파스타 등 물이나 액체를 높은 온도로 끓여 조리할 때 사용. 수란처럼 낮은 온도로 살짝 삶을 때는 poach를 사용.

bake
(오븐에) 굽다
오븐으로 재료를 가열해 굽는 조리법. 빵이나 케이크 등에 사용. 이 단어를 명사로 만든 것이 bakery(빵집, 베이커리).

grill
(그릴에) 굽다
그릴을 이용해 재료를 고온으로 굽는 방법. 우리는 가끔 프라이팬 조리도 '굽다'로 표현하기도 하지만, 대개 이 경우는 fry(튀기다)라 함.

fry
튀기다, 볶다
프라이팬 등으로 재료를 고온에서 튀기거나 볶는 조리법. fried egg(계란 프라이)나 fried rice(볶음밥) 등으로 사용.

steam
찌다, 밥을 짓다
수증기로 재료를 가열해 조리한다는 의미. '밥을 짓다'는 일반적으로 cook rice로 표현하지만, steam이 쓰이기도 함.

fry는 '튀기다'만이 아니다

일상에서 자주 사용할 수 있는 조리 관련 동사들을 먼저 정리해 보자. 열을 이용한 조리법에는 boil(삶다), grill(굽다), fry(튀기다)처럼 우리에게 익숙한 단어들이 많다. 그중 fry는 흔히 '후라이드 치킨'처럼 기름에 튀기는 요리를 떠올리게 한다. 하지만 실제로는 프라이팬을 사용해 기름에 굽거나 튀기는 조리 전반에 걸쳐 사용된다. 기름에 재료를 완전히 담가서 튀기는 방식은 deep-fry 또는 deep fried라고 표현한다.

stew
끓이다, 조리다

고기나 야채 등을 오랜 시간 천천히 끓이는 조리법이다. 소스가 끓지 않도록 약한 불에 졸일 때는 simmer를 사용한다.

mix
섞다

물과 설탕처럼 서로 다른 재료를 하나로 합칠 때 사용한다.
예: 케이크 반죽 만들기.

blend
혼합하다

재료를 잘 섞어 부드럽고 균일한 상태로 만드는 동작이다. mix와 유사하지만, 재료의 원형이 남지 않을 정도로 섞이는 것을 강조할 때 사용한다.

stir
저어주다

국자나 숟가락으로 액체 또는 스프를 천천히 원을 그리며 섞는 동작을 말한다. 섞는 대상보다, 섞는 행위 자체에 초점이 있다.

flip
뒤집다

뒤집개 등으로 재료를 한 번에 휙 뒤집는 동작을 말한다.
'turn + 재료 + over'로도 표현할 수 있다.

2-1 일상생활에서 자주 쓰는 '동작' 동사 ②

요리 관련 동사 　준비 과정 편

주방에서 자주 쓰는 cup, spoon 같은 명사는 잘 알려져 있지만, 실제 문장을 만들 때 꼭 필요한 건 동사이다. 아래에 정리된 동사들을 함께 익혀 두자.

cut
자르다

가장 일반적인 동작으로, 칼로 식재료를 자르는 것이다. '얇게 썰다'는 slice 를 사용한다.

chop
다지다, 썰다

재료를 두드려 잘게 자르거나 다지는 동작이다. '잘게 다지기'는 chop finely 또는 mince라고 표현한다.

peel
껍질을 벗기다

과일이나 야채의 껍질을 벗길 때 사용한다. peeler는 껍질 벗기는 도구인 '감자칼'을 의미한다.

grind
갈다, 으깨다

재료를 가루로 만들거나 곱게 부수는 동작이다. 예: 커피 원두, 향신료 등을 갈 때 사용한다.

crack
깨다

계란 껍질을 깨거나 견과류 껍질을 부술 때 사용하는 동사다. 요리뿐 아니라, 유리나 벽에 금이 갔을 때도 crack을 사용할 수 있다.

주방 밖에서도 유용한 동사들

요리와 관련된 동사에는 cut(자르다), chop(다지다), peel(껍질을 벗기다)처럼 동작을 나타내는 표현들이 많다. 이런 단어들은 요리할 때뿐만 아니라, 일상생활에서도 자주 쓰이는 동사들이므로 꼭 기억해두면 좋다. 예를 들어, crack은 계란을 '깨다'뿐만 아니라 유리나 벽이 금이 갈 때도 사용할 수 있고, freeze는 '얼다' 외에도 컴퓨터가 '멈추다'는 뜻으로도 자주 쓰인다. 또한 spread는 잼을 '바르다', 또는 소문이나 바이러스가 '퍼지다'는 상황에도 쓸 수 있다. 주방에서 익힌 동사가 일상에서도 힘을 발휘한다면, 그건 진짜 '생활 영어'라고 할 수 있다.

spread
바르다, 펴다

빵에 버터나 잼을 바르거나, 팬에 반죽을 펴는 동작이다. 정보, 노래, 질병이 '퍼지다'는 표현에도 사용 가능하다.

shake
흔들다

조미료나 재료를 용기 안에서 흔들어 섞는 행위이다. 혼합용기인 shaker(셰이커)는 익숙한 단어일 것이다.

pour
붓다

액체를 다른 용기나 재료에 천천히 흘려보내는 행위이다. 음료를 컵에 따를 때 사용할 수 있다.

freeze
얼리다

음식이나 음료를 얼려 보관하는 것이다. "The computer froze."(컴퓨터가 멈췄다)처럼 기계 작동 정지에도 사용된다.

defrost
해동하다

냉동식품을 실온이나 전자레인지로 녹이는 것이다. 냉장고의 해동 기능도 의미한다. 조금 더 격식 있는 표현으로 unfreeze도 있다.

청소 관련 동사

'청소하다'라는 의미의 가장 일반적인 단어는 clean이지만, '닦다'나 '쓸다' 등 구체적인 작업을 나타내는 단어들은 생각보다 잘 떠오르지 않기 때문에 그림으로 익히는 것이 좋다.

wipe
닦다

천이나 타월로 테이블 등의 표면에 있는 먼지나 액체를 제거하는 것이다. 차량의 wiper(와이퍼) 동작을 떠올리면 이해하기 쉽다.

polish
광내다

표면을 천이나 광택제로 문질러 광을 내는 것을 의미한다. 단순히 닦는 것뿐 아니라 반짝일 정도로 세심하게 광을 낸다는 뉘앙스가 있다.

brush
브러시로 닦다

브러시를 사용해 먼지나 때를 제거하는 것이다. 명사 brush는 '붓, 브러시'를 의미하지만, 동사로는 '브러시로 닦다'는 뜻으로 사용된다.

scrub
문지르다, 세게 닦다

완고한 얼룩을 브러시나 스펀지로 강하게 문질러 제거할 때 쓰인다. 세게 문지르는 이미지가 강하다.

dust
먼지를 털다

먼지를 천으로 닦거나 브러시로 털어내는 동작이다. 명사 dust는 '먼지'를 의미하지만, 동사로는 '먼지를 제거하다'는 뜻으로 사용된다.

명사와 철자가 같은 동사를 제대로 활용해 보자

clean(청소하다)나 wash(씻다) 외의 청소 관련 단어들을 모았다. dust(먼지)나 brush(붓)는 명사로 사용되지만, 동일한 스펠링으로 '먼지를 털다', '브러시로 쓸다'라는 동사로도 쓰인다. 또한 rinse는 샴푸 후 사용하는 '린스'라는 명사의 인상이 강하지만, 일반적으로 '헹구다'라는 동사로 사용된다.

sweep
쓸다

빗자루로 쓰레기 등을 쓸어 모아 제거하는 것이다. '마인스위퍼'라는 게임이 있지만, mine은 '지뢰', sweeper는 '제거하는 사람'을 의미한다.

vacuum
진공청소기로 청소하다

진공청소기로 바닥이나 카펫의 먼지를 빨아들일 때 사용한다. '진공청소기'는 vacuum cleaner라고 한다.

rinse
헹구다

물로 때나 세제를 씻어내는 것이다. 린스라고 하면 헤어케어 제품을 연상하지만, 샴푸 후 사용하는 린스는 영어로 hair conditioner라고 한다.

sanitize
소독하다

소독하거나 위생적으로 만드는 것을 의미한다. 요즘 일상적으로 가정이나 가게에서 자주 보는 '소독액'은 sanitizer라고 한다.

wring
짜다, 비틀다

물기를 머금은 천이나 대걸레를 짤 때 사용된다. 소위 '걸레 짜기'의 이미지이다.

2-1 일상생활에서 자주 쓰는 '동작' 동사 ④

정리·정돈 관련 동사

carry(운반하다)나 hang(걸다, 매달다) 같은 정리 정돈 관련 동사들은 TOEIC 시험에서도 자주 출제된다. 그림으로 뉘앙스 차이를 파악해보자.

carry
운반하다

물건이나 짐을 손으로 들어 옮기는 동작이다. 손으로 직접 들고 옮기는 경우뿐 아니라, 카트나 도구를 이용해 물건을 나를 때도 사용할 수 있다.

lift
들어올리다

물건을 아래에서 위로 들어올리는 동작으로, 무거운 물건을 들 때 사용한다. lift는 명사로 '엘리베이터'(주로 영국 영어)를 의미하기도 한다.

lower
내리다

들어올린 물건을 천천히 조심스럽게 내리는 것이다. 같은 스펠링의 형용사 lower(low의 비교급) '더 낮은, 더 적은'과 구별해야 한다.

stack
쌓다

물건을 위로 차곡차곡 쌓는 동작으로, 문서나 상자 정리에 사용한다. stick의 과거·과거분사형 stuck(움직일 수 없는)과는 다른 단어이다.

hang
걸다, 매달다

물건을 후크나 막대에 걸어 매다는 것이다. 의류나 수건을 걸 때 사용하며, '행거'를 떠올리면 쉽게 기억할 수 있다.

TOEIC에서도 정리 관련 단어가 자주 출제된다!

비즈니스 영어가 많을 것 같다는 인식과 달리 TOEIC 시험에서는 일상적인 정리 작업 관련 단어들이 자주 등장한다. 특히 청취 파트1(사진 문제)에서는 "He is stacking bricks.(그는 벽돌을 쌓고 있다)"나 "She is carrying a bag.(그녀는 가방을 들고 있다)"처럼 진행형(-ing) 형태로 자주 출제되므로, 기본 동작 단어들을 익히고 일상적인 행동이나 작업을 진행형으로 표현해보는 것이 좋다.

fold
접다
종이나 천, 빨래 등을 접어 작게 만드는 동작이다. folder(폴더)는 서류를 접어 보관하는 것에서 유래한 명칭이다.

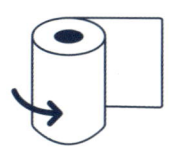
roll
말다, 둥글게 하다
무언가를 원통형으로 말거나 둥글게 하는 동작이다. 또한 물건이 회전하면서 이동한다는 의미도 있다.

wrap
포장하다
종이나 천으로 물건을 싸는 동작을 말하며, 선물을 포장할 때 등에 사용한다. wrapping(래핑)은 익숙한 단어일 것이다.

tie
매다
끈이나 리본 등을 사용해 물건을 묶는 동작이다. 책 같은 것을 묶어 둘 때는 bundle(묶다)이라는 표현도 사용한다.

discard
버리다, 처분하다
불필요한 물건을 버리거나 손에서 놓는다는 의미로, 공식적인 자리에서 자주 쓰인다. 일상 대화에서는 throw away 등을 더 많이 사용한다.

2-1 일상생활에서 자주 쓰는 '동작' 동사 ⑤

하루 생활을 영어로 표현하기

아침에 일어나서 밤에 잠들 때까지의 일상 루틴은 간단한 일반동사로 표현할 수 있다. 평소에 자주 사용하며 익히는 것이 좋다.

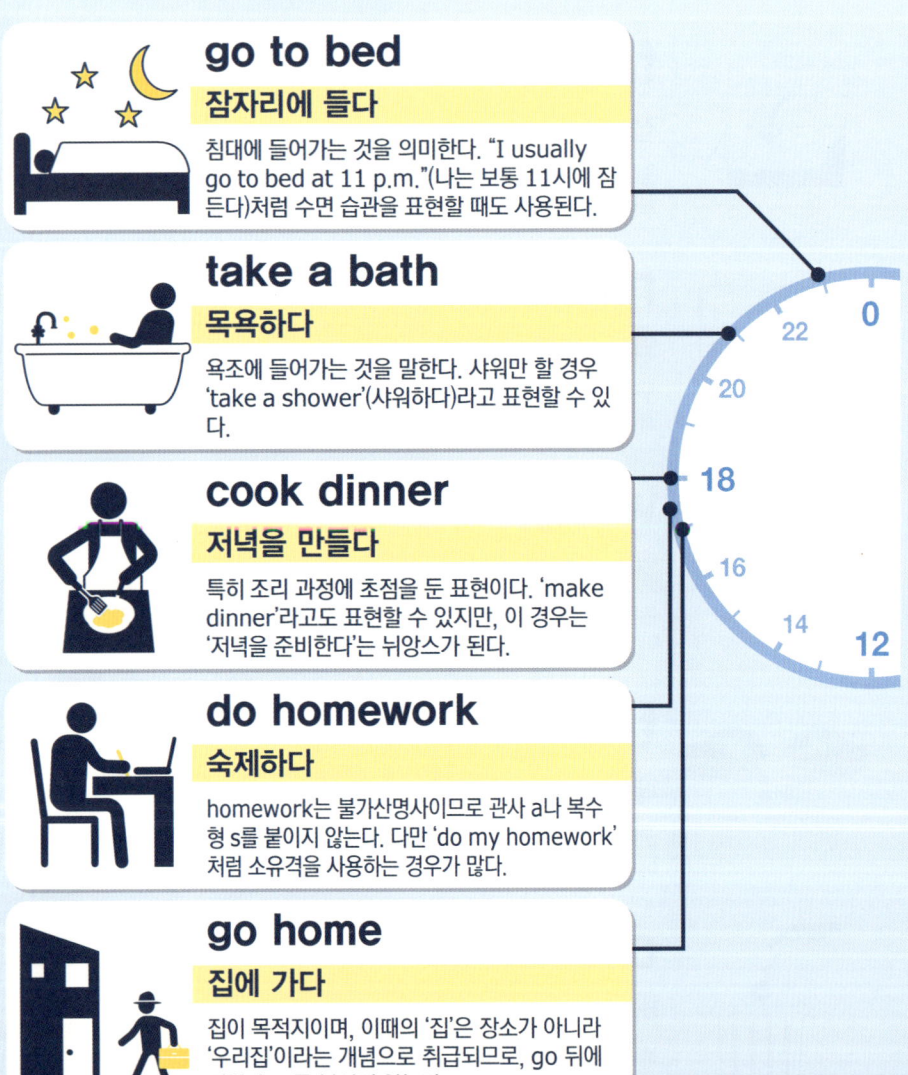

go to bed
잠자리에 들다

침대에 들어가는 것을 의미한다. "I usually go to bed at 11 p.m."(나는 보통 11시에 잠든다)처럼 수면 습관을 표현할 때도 사용된다.

take a bath
목욕하다

욕조에 들어가는 것을 말한다. 샤워만 할 경우 'take a shower'(샤워하다)라고 표현할 수 있다.

cook dinner
저녁을 만들다

특히 조리 과정에 초점을 둔 표현이다. 'make dinner'라고도 표현할 수 있지만, 이 경우는 '저녁을 준비한다'는 뉘앙스가 된다.

do homework
숙제하다

homework는 불가산명사이므로 관사 a나 복수형 s를 붙이지 않는다. 다만 'do my homework'처럼 소유격을 사용하는 경우가 많다.

go home
집에 가다

집이 목적지이며, 이때의 '집'은 장소가 아니라 '우리집'이라는 개념으로 취급되므로, go 뒤에 전치사 to를 붙이지 않는다.

관사나 전치사 유무는 흔히 쓰는 표현 그대로 외우자

일상 동작을 나타내는 숙어에는 'go to work'(출근하다)와 'go home'(집에 가다)처럼 전치사 to가 붙는 경우와 붙지 않는 경우가 있다. 또한 'take a bath'(목욕하다)와 'do homework'(숙제하다)처럼 관사 a가 붙는 경우와 붙지 않는 경우도 있다. 이러한 규칙이 혼란스러울 수 있지만, 원리를 이해하고 실제 대화에서 반복 사용하다 보면 자연스럽게 올바른 표현을 구사할 수 있게 된다.

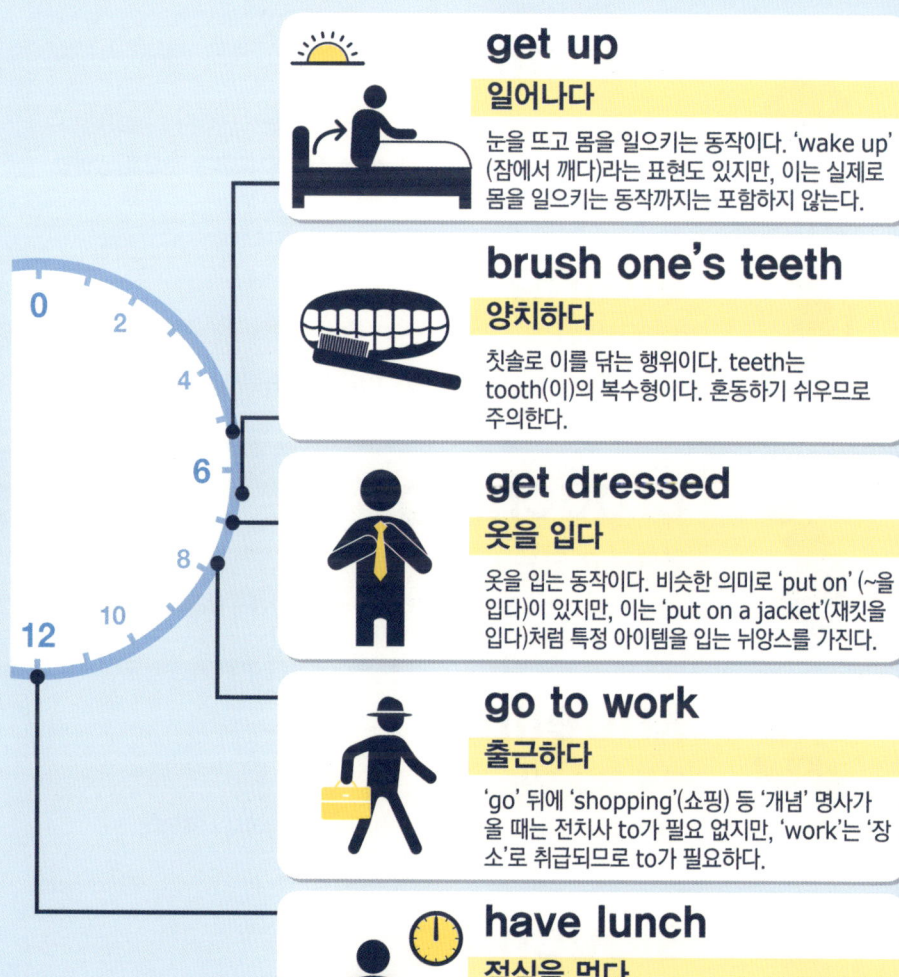

get up
일어나다
눈을 뜨고 몸을 일으키는 동작이다. 'wake up'(잠에서 깨다)라는 표현도 있지만, 이는 실제로 몸을 일으키는 동작까지는 포함하지 않는다.

brush one's teeth
양치하다
칫솔로 이를 닦는 행위이다. teeth는 tooth(이)의 복수형이다. 혼동하기 쉬우므로 주의한다.

get dressed
옷을 입다
옷을 입는 동작이다. 비슷한 의미로 'put on' (~을 입다)이 있지만, 이는 'put on a jacket'(재킷을 입다)처럼 특정 아이템을 입는 뉘앙스를 가진다.

go to work
출근하다
'go' 뒤에 'shopping'(쇼핑) 등 '개념' 명사가 올 때는 전치사 to가 필요 없지만, 'work'는 '장소'로 취급되므로 to가 필요하다.

have lunch
점심을 먹다
단순히 점심을 먹는 일상 습관을 나타낸다. 'eat lunch'라고도 표현할 수 있지만, 이는 먹는 동작 자체를 강조한 표현이다.

2-1 일상생활에서 자주 쓰는 '동작' 동사 ⑥

사람의 '자세'를 나타내는 동사

standing(서 있는)이나 sitting(앉아 있는)은 알지만, 그 외의 자세를 표현하는 단어가 잘 떠오르지 않는다. 그림으로 익히면 단어의 이미지가 더 명확해진다.

standing
서 있는
똑바로 선 자세를 말한다. standing up은 '일어서다'라는 뜻으로, 앉아있는 상태에서 일어나는 동작을 가리킨다.

sitting
앉아 있는
의자나 바닥에 엉덩이를 대고 있는 자세이다. sitting down은 '앉다'라는 뜻으로, 서있는 상태에서 앉는 동작을 가리킨다.

crouching
웅크리고 있는
무릎을 구부리고 몸을 낮춘, 웅크린 자세이다. 단거리 달리기의 크라우칭 스타트는 출발선에서 웅크린 준비 자세를 말한다.

kneeling
무릎 꿇고 있는
무릎을 꿇은 자세로, 예의나 기도, 의식 등의 상황에서 사용된다.

slouching
구부정한, 늘어져 있는
등을 구부려 몸이 앞으로 기운 자세이다. 서 있을 때뿐 아니라, 오래 앉아있어 등이 굽은 상태에도 사용할 수 있다.

자세는 -ing 형태로 표현하는 경우가 많다

사람의 자세를 나타내는 단어는 I'm sitting.(나는 앉아 있다)나 The man standing by the door(문 옆에 서 있는 남자)처럼 '~하고 있는 중(진행형)' 또는 '~한 상태(현재분사=형용사)'로 사용되는 경우가 많기 때문에, 이 페이지의 단어는 모두 -ing 형태를 사용했다. 참고로 -ing를 떼면 stand(서다)처럼 일반적인 동사로 동작 자체를 나타낼 수 있다.

leaning
기대고 있는

물체나 벽 등에 몸을 기대어 의지하고 있는 상태. 기대는 대상 앞에는 전치사 on이나 against가 사용된다.

crossing one's arms
팔을 꼬고 있는

가슴 앞에서 팔을 교차하고 있는 상태. one's에는 my, your, his, her 등의 대명사 소유격이 온다.

lying
누워 있는

수평으로 드러누운 자세. 동사의 원형은 lie(누워 있다)이다. 타동사 lay(눕히다)와 혼동하지 않도록 하자.

lying on one's stomach
엎드려 있는

배가 바닥에 닿은 자세. 머리까지 완전히 숙인 상태는 lying face down이라고 표현하기도 한다.

lying on one's back
누워 있는

등을 바닥이나 침대에 대고 누운 자세. 잘 때나 편안히 쉴 때 사용하는 자연스러운 자세를 말한다.

플러스 α

go 뒤에 to가 붙는 경우와 붙지 않는 경우

'go to school'에는 전치사 to가 붙지만 'go home'에는 붙지 않는 이유는 무엇일까? 사실 go와 come 같은 동사는 뒤에 오는 단어의 품사에 따라 to 사용 여부가 결정된다.

to가 붙지 않을 수도 있다

기본 동사 go는 '가다'라는 의미로 자주 사용되며, **자동사이기 때문에 일반적으로 목적어와 함께 사용할 때는 전치사가 필요하다**. 대부분의 경우 목적어는 목적지(행선지)를 나타내며, 주로 전치사 to(~로, ~에게)가 사용된다. 예를 들어, 'go to school'(학교에 가다)이나 'go to the park'(공원에 가다)처럼 목적지 명사 앞에 전치사 to를 붙이는 것이 일반적인 사용법이다.

그러나 'go home'(집에 가다)이나 'go shopping'(쇼핑하러 가다)처럼 to 없이 목적어가 바로 오는 경우도 있다. go는 자동사인데 전치사 없이 목적어를 바로 쓴다니 이상하지 않나 하고 생각할 수 있지만, 이러한 예외적인 경우들에 대해 설명하겠다.

home, there 등의 부사가 올 때

home은 일반적으로 '집'이라는 명사로 사용되지만, 사실 **'집으로'라는 의미의 부사로도 쓰인다**. 부사는 동사를 수식하는 역할을 하기 때문에, 동사 go(가다)를 부사 home(집으로)이 수식하는 구조이다. 이렇게 하면 문장이 성립하고 의미도 명확해진다. 마찬가지로 there(거기로)도 부사이기 때문에 전치사 to가 붙지 않는다. **전치사는 명사 앞에 붙는다는 규칙 때문이다**.

> 명사 앞에는 to 붙음

go <u>to</u> Japan   come <u>to</u> my house
명사   명사

> 부사 앞에는 to 붙지 않음

go home   come here
부사   부사

자동사 come도 마찬가지로, 일반적으로 명사 앞에는 to가 붙고, 부사 앞에는 to가 붙지 않는다. 'come to Japan'처럼 목적지 명사 앞에는 to를 붙이지만, 'come to home'이나 'come to here'는 틀린 표현이다. 여기서 home, here는 부사로 기능하며, 전치사 to가 필요하지 않다. 올바른 표현은 'come home'(집에 오다), 'come here'(여기로 오다)이다.

이 외에도 전치사 to 없이 장소를 나타내는 부사에는 다음과 같은 것들이 있다: downtown (번화가로), abroad (해외로), upstairs (위층으로).

shopping, swimming처럼 동명사(-ing)가 올 때

앞서 설명한 대로, go 뒤에 동명사(-ing 형태)가 올 때도 to를 사용하지 않는다. 이 경우 동명사는 <u>장소가 아닌 행동을 나타내기 때문이다</u>.

go 뒤에 전치사 to를 붙여 목적지 명사를 사용할 때는 그 명사가 분명한 장소를 나타낸다. 따라서 '~로'라는 의미의 전치사 to가 필요하다. 반면에 shopping(쇼핑)이나 swimming(수영)은 특정 장소를 가리키는 것이 아니라 행위를 나타내므로, 장소를 나타내는 전치사 to는 필요하지 않다.

예를 들어 '쇼핑하러 갈게'라고 말했을 때, '어느 가게에?'라고 물을 수 있다. 이는 쇼핑이 행동을 나타내는 것이지 장소를 가리키는 것이 아니기 때문이다.

이 외에도 go 뒤에 to 없이 사용되는 동명사(-ing)의 예는 오른쪽과 같다.

go 뒤에 to가 붙지 않는 이러한 표현들은 일상 회화에서 매우 자주 사용된다.

행동을 나타내는 동명사에는 전치사 to가 붙지 않음

go shopping — 동명사
go swimming — 동명사
↓
장소가 아니라 행동을 나타내기 때문이다.

to가 붙지 않는 동명사
go shopping — 쇼핑하러 가다
go swimming — 수영하러 가다
go jogging — 조깅하러 가다
go skiing — 스키 타러 가다
go camping — 캠핑하러 가다
go fishing — 낚시하러 가다

사람의 '감정'을 나타내는 단어

기쁨, 화남, 슬픔, 즐거움을 표현하는 영어 단어는 다양하다. 흔한 happy나 sad 말고도 다양한 감정을 나타내는 단어를 알면 마음을 더 정확히 전달할 수 있다.

happy
행복한
마음이 충족된 상태로, 일반적인 행복을 나타내는 폭넓은 표현.

elated
매우 기쁜
큰 성공이나 기쁜 경험을 했을 때의 고양된 감정을 나타낸다. happy보다 기쁨이 더 큰 경우에 쓴다.

delighted
기쁜
happy, glad, pleased보다 더 큰, 진심에서 우러나는 기쁨이나 감동을 나타낸다.

glad
만족한
happy가 지속적인 기쁨을 나타내는 반면, glad는 순간적인 행복감이나 만족감을 나타낸다.

pleased
기쁜
절제된 기쁨이나 만족을 나타낸다. happy나 glad보다 더 격식 있는 표현이다.

joyful
기쁨으로 가득 찬
기쁨과 즐거움으로 가득 차 행복감이 넘치는 긍정적인 상태.

강도와 지속 시간을 비교해 감정 표현을 구분해서 사용하자

기쁨이나 슬픔을 나타내는 영어 단어는 매우 다양하며, 각 단어마다 미묘한 뉘앙스 차이가 있다. elated(강한 기쁨)와 glad(온화한 기쁨), unhappy(불행한)와 miserable(장기적인 비참함)처럼 감정의 강도나 지속 시간을 비교하면 단어 선택이 쉬워진다. 또한 joyful(행복감이 넘치는)와 disappointed(기대를 저버린) 등 각 단어의 뉘앙스를 이해하고 적절한 상황에 사용해 보자.

sad
슬픈
다양한 슬픈 상황에 사용할 수 있는 일반적인 표현.

unhappy
불행한
마음이 채워지지 않는 느낌을 나타내며, 장기적인 불만족감을 표현할 때 주로 사용된다.

depressed
우울한
기분이 가라앉은 상태를 나타내며, sad보다 더 장기적이고 심각한 감정을 표현한다.

miserable
비참한
매우 힘든 상황이나 절망감을 느낄 때 사용되는 강한 표현.

gloomy
우울한
기분이 어둡고 가라앉으며 비관적인 상태를 나타낸다. 날씨나 분위기를 표현할 때도 사용 가능.

disappointed
실망한
기대가 어긋났을 때 느끼는 낙담이나 실망을 표현한다.

PART 2 일상 회화에서 쓸 수 있는 빈출 단어 & 표현

relaxed
편안한
긴장이 풀린 상태를 나타내며, 심신 모두 편안하다.

calm 차분한	마음이 안정되고 감정/행동이 균형 잡힌 상태.
comfortable 편안한	신체적/심리적으로 편안함을 느끼는 상태.
laid-back 느긋한	느긋하고 여유로운 태도를 나타내는 캐주얼한 표현.
at ease 안정된	긴장이나 불안이 없고, 안심하고 편안하게 쉬고 있는 상태.
chilled-out 느긋하게 지내다	스트레스 없이 평온함을 강조하는 캐주얼한 표현.

tired
피곤한
피로감을 나타내는 일반적인 표현. 가벼운 피로부터 중간 정도까지 폭넓게 사용된다.

listless 무기력한	활력이 없고, 아무것도 할 의욕이 없는 상태를 나타낸다.
fed up 질린	불만족스러운 상황에 대한 강한 권태감 표현. '지겹다, 질렸다'는 의미.
weary 지친	몸과 마음이 지쳐 고갈된 상태. 피로와 권태감을 동시에 내포. '지긋지긋하다'는 뉘앙스도 포함.
exhausted 기진맥진한	지칠 대로 지쳤다는 의미로, weary보다 피로의 정도가 더 크다.
burned out 탈진한, 타버린	과로/스트레스로 인한 에너지 고갈 상태. 에너지와 열정을 모두 소진한 상태.

excited

흥분한
흥분이나 기대감으로 마음이 들떠 있는 상태를 나타내는 일반적인 표현.

thrilled 설레는	매우 기쁘고 강한 즐거움이나 흥분 상태를 나타냄.
enthusiastic 열중한	무언가에 대해 강한 관심이나 열정을 가지고 적극적으로 임하는 상태.
rapturous 황홀한	극도의 기쁨이나 감동으로 마음이 가득 차 매우 고양된 상태.
animated 활기찬	생기 넘치고 활력이 가득한, 활발한 모습을 의미.
eager 열망하는	무언가에 대해 매우 흥분하거나 얻고 싶어 하는 모습.

surprised

놀란
예상치 못한 일에 대한 가벼운 놀라움을 나타내는 일반적인 표현.

amazed 매우 놀란	감동을 동반한 놀라움을 나타내며, 'surprised'보다 더 긍정적인 뉘앙스.
astonished 깜짝 놀란	믿기 힘든 놀라움을 나타내며, 'surprised'보다 더 강한 놀라움.
taken aback 어안이 벙벙한	예상치 못한 일에 당황하거나 어리둥절한 상태.
stunned 경악한	충격적인 소식이나 사건으로 충격을 받고 경악한 상태.
impressed 감명 받은	놀라움과 함께 감동을 느끼며 강한 인상을 받은 상태. 긍정적인 감정을 나타냄.

PART 2 일상 회화에서 쓸 수 있는 빈출 단어 & 표현

2-2 일상에서 자주 쓰는 '상태' 표현 ②

'성격'을 나타내는 형용사 긍정적 표현

자기소개나 가족, 친구를 설명할 때 성격을 표현할 필요가 종종 발생한다.
여기서는 긍정적인 성격 특성을 나타내는 형용사들을 정리하였다.

cheerful
명랑한, 활기찬

사람의 표정이나 태도가 밝고 경쾌한 상태를 지칭한다. 일상 대화에서 칭찬의 표현으로 빈번히 사용된다.

smart
영리한, 지적 능력이 뛰어난

지식 습득력과 이해력, 판단력이 우수한 인격을 표현. 유의어인 clever(재치 있는)는 특히 독창적인 아이디어나 기발한 해결책을 제시할 능력을 강조한다.

kind
친절한, 상냥한

일반적으로 긍정적인 성격을 표현하는 기본 어휘이다. gentle(온화한) 역시 부드러운 성격을 표현할 때 활용 가능하다.

optimistic
낙관적인

사물의 긍정적인 측면을 주로 보며 '결과는 좋을 것'이라는 태도를 지닌 성격. 반의어는 pessimistic(비관적인)이다.

reliable
신뢰할 수 있는

rely(의지하다) 동사에 -able(가능) 접미사가 결합된 형용사. 동의어로 dependable(의존 가능한)이 존재한다.

'-ful'이나 '-able' 등의 접미사 의미도 알아두면 유용하다

사람의 성격을 나타내는 형용사에는 cheerful이나 reliable처럼 동사 끝에 -ful이나 -able 같은 접미사를 붙여 형용사화한 단어가 많다. 접미사의 의미를 알고 있으면 처음 보는 단어도 그 뜻을 추측할 수 있다. 예를 들어 cheer(기운나게 하다) + ful(충분히 채워진)을 알면 cheerful='명랑한, 기운 좋은'이라는 의미를 대략 파악할 수 있다.

considerate
배려심 있는

다른 사람의 기분이나 상황을 고려한다는 뜻. 동사 consider는 '잘 생각하다, 고려하다'라는 의미다.

proactive
적극적인

active만으로도 '적극적인'이라는 의미로 쓸 수 있다. active는 단순히 활동적인 상태, proactive는 앞일을 내다보고 행동하는 것을 말한다.

organized
꼼꼼한

동사 organize는 '정리하다'는 뜻이고, 형용사 organized는 '일을 체계적으로 정리하고 계획적으로 행동할 수 있다'는 의미다.

passionate
열정적인

무엇인가에 대해 강한 관심이나 열의를 가지고 임하는 모습을 나타낸다. 명사 passion(열정)을 알면 더 쉽게 이해할 수 있다.

amiable
붙임성 있는

내적으로 따뜻하고 성실하며 상냥한 뉘앙스를 포함한다. 비슷한 의미의 friendly는 너 사교적이고 외향적인 느낌이 강하다.

2-2 일상에서 자주 쓰는 '상태' 표현 ③

'성격'을 나타내는 형용사 부정적 표현

성격을 나타내는 형용사는 다양하지만, pushy나 forgetful, childish처럼 부정적인 의미를 가진 것도 적지 않다.

mean
심술궂은

타인에게 심술궂은 태도를 보이는 성격. 동사 mean(~을 의미하다, ~할 작정이다)과 철자가 같으니 주의할 것.

fickle
변덕스러운

짧은 시간 동안 마음이나 태도가 자주 바뀌는 성격. 날씨가 변덕스럽고 예측하기 어려울 때 "The weather is fickle today."라고 표현할 수 있다.

pushy
강압적인

의견이나 요구를 강하게 밀어붙이려는 태도를 가리키며, 부정적인 뉘앙스로 사용된다. 동사 push(밀다)의 형용사이므로 이해하기 쉬울 것이다.

hasty
성급한

신중함이 부족하고 급하게 경솔하게 일을 결정하는 성격을 나타낸다. 반의어는 careful(신중한)이다.

forgetful
건망증이 심한

일을 자주 잊어버리는 성질을 나타낸다. forget(잊다) + ful(~로 가득한)이므로 쉽게 연상할 수 있을 것이다.

긍정과 부정 양쪽 의미로 쓰이는 형용사도 있다

성격을 나타내는 단어에는 부정적인 의미로 쓰이는 표현도 많다. 자기 성격을 겸손하게 표현하거나 캐주얼한 상황에서 농담으로 쓰는 건 괜찮지만, 직장 등에서 함부로 쓰는 건 피하는 게 좋다. 또 talkative(말이 많은)나 quiet(조용한)처럼 긍정/부정 양쪽 의미로 다 쓰이는 단어도 있으니, 상황에 맞게 잘 구분해서 써야 한다.

childish
어린애 같은

어른답지 않은 순진함이나 유치함. foolish(어리석은)처럼 -ish 접미사로 '~같은' 뜻을 만드는 형용사도 많다.

reckless
무모한

성격이나 행동이 무턱대고 무리하는 모습. 옛 영어 reck(생각하다)에 부정 접미사 -less가 붙어 만들어진 형용사.

talkative
말이 많은

talk(말하다) + -ive(~적인 성향)으로 쉽게 이해할 수 있다. 긍정/부정 양쪽으로 쓰인다.

quiet
조용한

말수가 적고 차분한 성격. 내향적이고 소극적으로 보일 때도, 침착한 성격으로 좋게 보일 때도 있다.

pessimistic
비관적인

일을 나쁜 쪽으로 생각해 최악을 예상하는 성격. -istic은 '~적인' 뜻의 형용사 접미사다.

플러스 α

수동태와 능동태의 기본을 다시 확인해보자

수동태와 능동태는 학교 공부나 TOEIC 시험뿐 아니라
영어 회화에서도 필수로 알아야 하는 내용이다.
잘못 사용하면 상대방이 내 말을 제대로 이해하지 못할 수 있다.

잘못하면 의미가 달라지는 문장들

영어에서 감정을 표현할 때 주로 수동태가 사용된다. 수동태는 동작을 받는 대상을 주어로 하여 '~되다, ~되었다'라고 표현하는 방식이다. 반면 동작을 하는 대상을 주어로 삼아 '~하다, ~했다'라고 표현하는 것은 능동태라고 부른다.

영문법을 배울 때 **수동태와 능동태의 차이를 이해하는 것은 매우 중요하다**. 특히 감정이나 흥미를 표현할 때는 이 차이를 정확히 알고 적절히 사용해야 한다. 여기서는 '흥분시키다'라는 뜻의 동사 excite를 예로 들어 수동태와 능동태의 관계를 설명한다.

능동태는 주어가 행위를 '하다'라고 표현하는 문장 형태이다. 예를 들어 The movie is exciting.(그 영화는 [시청자를] 흥분시킨다)라는 문장에서 주어인 'the movie(영화)'가 보는 사람을 흥분시키는 주체가 된다.

반면 **수동태는 주어가 행위의 대상이 되는 문장 형태**이다. 같은 의미의 수동태 문장으로 바꾸면 I was excited about the movie.(나는 그 영화에 흥분되었다)가 되는데, 여기서 주어인 '나'는 'excited(흥분되다)'라는 행동의 대상이 된다. 즉 '나는 그 영화에 흥분했다'라는 뜻으로 해석되는 것이다.

수동태와 능동태

수동태
'~되다, ~되었다' 주어가 동작의 대상이 되는 문장 형태
예: *I was excited about the movie.*(나는 그 영화에 흥분되었다)
주어인 '나'가 'excited(흥분되다)' 동작의 영향을 받는 입장이 된다.

능동태
'~하다, ~했다' 주어가 동작을 하는 문장 형태
예: *The movie is exciting.*(그 영화는 [시청자를] 흥분시킨다)
주어인 'the movie(영화)'가 '[보는 사람을] 흥분시킨다'라는 동작을 수행한다.

"I am exciting."처럼 잘못 사용하면 "나는 남들을 흥분시키는 사람이다."라는 뜻이 되어 지나치게 자만한 '이상한 사람'으로 보일 수 있다. 반대로 "The movie is excited."라고 하면 "그 영화는 흥분당한다."는 뜻이 되어, 감정이 없는 영화가 '흥분당한다'는 말도 안 되는 문장이 된다.

능동태에서 'be동사'를 사용하는 이유

마찬가지로, "I'm interested in the book."(나는 그 책에 관심이 있다)과 "The book is interesting."(그 책은 흥미롭다)도 능동태와 수동태의 관계이다. The book is interesting.은 주어인 'The book'(그 책)이 능동적으로 'interesting'(흥미를 주는) 상태를 나타낸다. 반면 I'm interested in the book.은 "나는 그 책에 관심이 있다."는 뜻으로, 주어인 'I'(나)는 'the book'(그 책)으로부터 수동적으로 'interested'(관심을 받는) 상태를 나타낸다. 즉 "나는 그 책에 관심이 있다."가 된다.

위의 능동태에서 사용된 'exciting'이나 'interesting'은 동사의 현재분사이며, 형용사로 그 동작을 주는 상태를 나타낸다. **동사가 아니기 때문에 be동사와 함께 사용하는 것이**다. 또한 수동태의 'excited'나 'interested'는 동사의 과거분사이며, 형용사로 그 동작이나 영향을 받는 측의 상태를 나타낸다. 이것 역시 **동사가 아니므로 be동사를 함께 사용**한다.

이처럼 영어에서는 감정이나 관심을 표현할 때, **수동태와 능동태를 구분하여 사용함으로써 자신이 어떻게 느끼는지, 또는 무엇이 다른 사람에게 영향을 주는지를 명확히 전달할 수 있다**. -ing를 붙이면 진행형, -ed가 붙으면 과거형이라고 생각하기 쉽지만, 현재분사(-ing)와 과거분사(-ed)의 기능을 제대로 이해하면 정확하고 자연스러운 영어로 표현할 수 있다.

---

be동사가 필요한 이유

능동태 ~ing

그 책은 흥미롭다.
The book is interesting.

동사가 아니므로 be동사와 함께 사용한다.

현재분사
형용사로서 동작을 부여하는 상태를 나타낸다.

수동태 ~ed

나는 그 책에 관심이 있다.
I'm interested in the book.

동사가 아니므로 be동사를 함께 사용한다.

과거분사
형용사로 동작이나 영향을 받는 쪽의 상태를 나타낸다.

2-3 영어 특유의 물건 세는 방법 ①

'음식과 음료' 개수 세는 법

보통 물건을 셀 때 '~개'나 '~장' 같은 수량 단위가 있지만, 영어에서는
a cup of ~처럼 용기에 담긴 상태나 그 고체의 형태에 따라 세는 방법이 다르다.

a cup of
(컵) 1잔의

컵에 담긴 음료나 음식을 셀 때 사용하는 표현이다. coffee(커피)나 tea(차) 등 따뜻한 음료나 수프 등에 자주 쓰인다.

a glass of
(글라스) 1잔의

유리컵에 담긴 음료나 유리 용기에 담긴 액체를 셀 때 사용하는 표현이다. water(물)이나 milk(우유) 등 주로 차가운 음료에 적합하다.

a bottle of
1병의

병이나 보틀에 담긴 액체를 셀 때 사용한다. wine(와인)이나 soda(소다), oil(오일) 등 유리병이든 페트병이든 모두 사용 가능하다.

a can of
1캔의

캔 음료나 통조림 식품을 셀 때 사용하는 표현이다. beer(맥주)나 soup(수프), beans(콩)이 대표적이다.

a carton of
1팩의

carton은 액체나 음식을 보관하는 박스나 팩을 의미한다. milk(우유), juice(주스), eggs(달걀) 등을 셀 때 사용된다.

기본적인 수량 표현 익히기

a cup of ~ 같은 수량 표현은 특히 액체 같은 셀 수 없는 '불가산명사'에 사용된다. 여기서는 모두 a ○○ of ~ 형태로 예시를 들었지만, 2개인 경우 two cups of ~(2잔의 ~), three bottles of ~(3병의 ~) 같은 형태로 표현한다. 또 고체는 a slice of ~나 a piece of ~ 등 셀 수 있는 형태로 표현하는 경우가 많은 것이 특징이다.

a jar of
1병의

jar는 보관용 병을 말한다. jam(잼)이나 honey(꿀), pickled plum(매실장아찌) 등을 담은 병을 셀 때 사용된다.

a bowl of
1보울의

bowl은 주로 음식이나 요리를 담는 그릇으로, salad(샐러드), cereal(시리얼) 등에 사용된다. 밥 한 공기는 a bowl of rice이다.

a slice of
1장(슬라이스)의

재료나 요리 등을 얇게 썬 것을 셀 때 사용하는 표현이다. bread(빵)이나 cheese(치즈), pizza(피자) 등에 쓰인다.

a piece of
1조각의

cake(케이크)나 chocolate(초콜릿), candy(사탕) 등에 사용된다. 음식을 한 입 크기나 개별적으로 나눌 때 적합하다.

a loaf of
1덩어리의

빵이나 바게트 등 구워 완성된 음식을 셀 때 사용하는 표현이다. '덩어리'는 보통 슬라이스하기 전 상태를 말한다.

2-3 영어 특유의 물건 세는 방법 ②

물건을 셀 때 사용하는 여러 가지 표현

다양한 물건을 셀 때 사용하는 표현을 정리했다. 이 외에도 많은 표현이 있지만, 특히 자주 사용되는 표현들이니 기억해두면 좋다.

a bar of
1개(바 형태)의

soap(비누)나 gold(금괴), wood(목재) 등 길쭉하고 단단한 형태를 가진 물건을 셀 때 사용된다.

a packet of
1봉지의

seeds(씨앗)나 tissues(휴지) 등 소분되어 있거나 일회용 물건을 셀 때 사용하는 표현. 소포장 과자에도 자주 사용된다.

a bunch of
1다발/1송이의

flowers(꽃)나 keys(열쇠), grapes(포도)나 bananas(바나나) 등 다발이나 송이로 묶여 있는 물건을 셀 때 사용한다.

a roll of
1롤의

둥근 형태를 가진 물건을 셀 때 사용. paper(종이)나 tape(테이프), film(필름) 등 감아서 보관하는 물건에 적합한 표현.

a bag of
1가방/1자루의

건설용이나 원예용으로 포장된 sand(모래)나 fertilizer(비료), 쇼핑백에 담긴 groceries(식료품) 등을 셀 때 사용된다.

복수 가산명사에는 -s를 빼먹지 말 것

이전 항목의 '음식·음료'는 셀 수 없는 불가산명사에 사용하는 표현이 많았지만, 여기서 소개하는 '물건'은 셀 수 있는 가산명사에도 자주 사용된다. 예를 들어 여러 개의 셀 수 있는 물건이 모여 구성되는 a bunch of (1다발의)나 a pair of (1쌍의) 같은 표현들. 이들은 뒤에 오는 명사에 복수형 -s를 붙여야 하지만, a ~ of 형태로 표현하면 여러 물건을 '한 덩어리로 묶어' 표현하는 것이기 때문에 문장 안에서는 단수 취급되는 경우가 많다.

a box of
1상자의

상자에 담긴 물건을 셀 때 사용. 상자에 든 pencils (연필)이나 tissues (휴지), toys (장난감) 등을 셀 때 사용한다.

a drop of
1방울의

paint (페인트)나 blood (피) 등 액체의 방울을 셀 때 사용하는 표현. 요리나 의료 등 정밀한 양을 측정할 때도 자주 사용된다.

a sheet of
1장의

paper (종이)나 metal (금속), glass (유리) 등 얇고 평평한 물건을 셀 때 사용.

a pair of
1쌍(짝)의

왼쪽과 오른쪽이 한 쌍을 이루는 shoes (신발)나 gloves (장갑), 2개가 한 세트인 pants (바지)나 scissors (가위) 등을 표현할 때 사용.

a set of
1세트의

여러 도구가 세트를 이루는 tools (공구), dishes (식기)나 furniture (가구) 등, 한 묶음으로 된 물건을 셀 때 사용.

'많다/적다' 표현 방법

'약간의 ~', '많은 ~'을 표현할 때 사용할 수 있는 a ~ of 구문들을 모아보았다. 특히 '많은 ~'에는 다양한 뉘앙스의 표현들이 존재한다.

a bit of
약간의

불가산명사에 사용되며, 양이나 정도가 적음을 나타낸다. 음식이나 정보, 시간 등에 대해 '조금만'이라는 뉘앙스로 사용된다.

a couple of
2~3개의

일반적으로 2~3개의 물건이나 사람을 가리킨다. a couple of days (2~3일)은 캐주얼한 대화부터 공식적인 글까지 폭넓게 사용된다.

a few (of)
약간의

가산명사의 복수형에 사용되며, 적지만 약간 있음을 나타냅니다. my friends처럼 뒤에 오는 명사가 특정될 때는 of가 들어간다.

a little (of)
약간의

불가산명사에 사용되며, 양이 적음을 나타낸다. my time처럼 뒤에 오는 명사가 특정될 때는 of가 들어간다.

a dozen (of)
12개의(1다스의)

a dozen pencils (12개의 연필)처럼 정해진 포장이나 판매 단위의 물품이나 식품에 사용된다.

가산명사와 불가산명사의 구분 사용법

여기서 소개한 a ~ of 표현 대부분은 of 뒤에 가산명사의 복수형이 오지만, a bit of(조금의)와 a little (of)(조금의)는 불가산명사에 사용된다. 또한 a lot of(많은)은 가산명사와 불가산명사 모두에 사용 가능하다. '많은'이라는 표현에는 many나 much를 자주 쓰지만, an array of(일련의)나 a variety of(다양한) 등 다른 뉘앙스를 가진 표현들을 상황에 맞게 구분해서 사용하는 것이 중요하다.

a number of
다수의

특정한 수량, 특히 다수의 대상을 표현할 때 사용한다. 정확한 수량을 표시하지 않으면서 최소한 복수 이상의 대상을 나타낼 때 쓰인다.

a lot of
많은

'다수의', '대량의'라는 의미의 가장 일반적인 표현이다. 음식, 시간, 정보 등 모든 종류의 대상에 사용할 수 있다.

an array of
다양한, 일련의

여러 종류와 선택지가 나열된 상황을 가리킨다. an array of colors(다채로운 색상)처럼 시각적인 인상을 동반하는 경우가 많다.

a range of
다양한

여러 종류나 선택지가 존재하며, 폭넓은 라인업이 있는 경우에 사용된다. 제품이나 서비스 등 다양성을 강조할 때 유용한 표현이다.

a variety of
다양한

서로 다른 종류가 많이 존재함을 의미한다. 특히 다양성이 풍부하고 다채로운 경우에 주로 사용된다.

마크식 영어 습득의 비결 ②

영어 학습에서 포기하지 않는
3가지 비결

영어 학습자의 85%가 1년 이내에 포기한다.

영어 학습은 긴 여정이다. 실제로 영어 학습자의 85%가 1년 이내에 포기한다는 통계가 있다. 누구나 한 번쯤은 포기의 위기를 겪는다. 이에 포기하지 않는 3가지 비결을 소개한다.

① 작게 시작한다.

목표를 세우고 계획을 짤 때는 의욕이 넘치는 상태라 지나치게 큰 계획을 세우기 쉽다. 처음에는 '아무리 바빠도 이 정도는 여유롭게 할 수 있다'는 수준으로 계획을 세우는 것이 좋다. 영어 학습에 처음부터 빠르게 치고 나가는 스타트 대시는 필요 없다. 시작할 때는 '조금 부족하다 싶을 정도'로 해도 괜찮다.

② 공백일을 만들지 않는다.

직장 일이나 가사, 육아로 바쁜 와중에도 영어 학습을 지속하기 위해서는 '최소한이라도 했다고 인정하는' 것이 중요하다. 하루 5분이라도, 하루 1페이지라도 좋으니 '이 정도만 해도 계속한 것으로 친다'는 자신만의 규칙을 정해두는 게 좋다.

③ 쓸데없는 일을 하지 않는다.

영어 학습은 TOEIC이면 TOEIC 대비만, 영어 시험이면 시험에 특화된 공부만 하는 식으로 목표 달성에 필요한 것만 집중하는 것이 좋다. 회화 실력을 향상시키고 싶은 사람은 기초 지식을 습득한 후 실제로 말하는 연습을 많이 해야 한다. 회화는 압도적인 양을 소화해야 성과가 나타난다. 노력했는데 기대한 만큼 결과가 나오지 않으면 동기부여가 잘 되지 않는다. 목표 달성에 초점을 맞춘 올바른 노력이 중요하다.

PART 3

구동사는 핵심 이미지로 외운다

구동사는 간단한 동사와 부사(혹은 전치사)가 결합되어 만들어진 표현이다. 이번 장에서는 일상생활부터 비즈니스 상황까지 활용도가 높은 구동사들을 주제별로 소개한다.

3-1 원어민이 자주 쓰는 구동사 (전치사 편) ①

on 구동사

동사와 전치사 on이 결합된 구동사들을 모아봤다. on은 '접촉'이라는 이미지를 가지므로, '어떤 상태와 접촉한다'는 느낌으로 이해하면 좋다.

count on
의지하다, 믿다

사람이나 사물을 신뢰하고 의지한다는 의미. 친구나 가족 등 믿을 수 있는 사람에게 자주 쓰이며, 기대하는 뉘앙스가 있다.

rely on
의지하다, 신뢰하다

신뢰할 수 있는 대상에 사용하는 표현. 장기적이고 안정적인 신뢰 관계를 나타내며, 지지받는다는 느낌이 강하다.

depend on
의존하다

사람이나 사물에 의존하는 상태를 표현한다. It depends on you.는 "당신에게 달려 있다, 당신이 결정한다."는 뜻이다.

focus on
집중하다, 주력하다

특정 대상이나 활동에 의식과 주의를 집중시킨다는 의미. 업무나 공부, 목표 달성과 관련해 자주 쓰인다.

take on
떠맡다, 도전하다

책임이나 업무를 수락하거나 새로운 도전에 나선다는 뜻. 특히 자발적으로 어려운 일이나 과제에 임할 때 사용된다.

단어는 간단하지만 의미는 많다

영어에서 '동사+전치사/부사'로 이루어진 2개 이상의 단어 조합을 구동사라고 한다. 예를 들어 put(놓다)에 on이 붙으면 put on(입다)이 되는 것처럼, 원래 단어와는 다른 의미를 가진 하나의 동사로 기능한다. 구동사 대부분은 중학교 수준의 단어로 구성되어 있지만, 그 수가 많아 외우기 쉽지 않다. 하지만 구동사를 이루는 동사와 전치사, 부사가 가진 핵심 이미지를 이해하면 훨씬 쉽게 습득할 수 있다.

go on
계속하다

지속하다, 계속 진행하다는 의미. 어려움에도 굴하지 않고 계속하는 것은 carry on, 현재 상태를 그대로 유지하는 것은 keep on으로 표현한다.

hold on
꽉 잡다/전화를 끊지 않고 기다리다

무언가를 단단히 붙잡거나, 전화를 끊지 않고 기다리다라는 의미. "잠깐만 기다려."라는 일상적인 표현으로도 자주 쓰인다.

turn on
(스위치를) 켜다/흥분시키다

스위치를 눌러 전기나 기계를 작동시키다, 사람을 흥분시키다, 감정을 자극하다는 의미도 있다. 반대말은 turn off(끄다).

put on
입다/착용하다

옷이나 액세서리를 몸에 걸칠 때 사용한다. 이미 입고 있는 상태를 표현할 때는 wear를 쓴다.

get on
(버스/기차 등에) 타다

버스, 기차, 비행기 등 안에서 움직일 수 있는 큰 교통수단을 탈 때 사용. 어떤 상황이나 관계에서 '잘 지내다, 진행 중이다'라는 의미도 있다.

3-1 원어민이 자주 쓰는 구동사 (전치사 편) ②

off 구동사

'떨어지다 · 벗어나다'라는 이미지를 가진 전치사 off를 사용한 구동사들을 정리했다.
off는 무언가가 '원래 있던 자리에서 벗어난다'는 뉘앙스로 자주 쓰인다.

take off
벗다, 이륙하다
옷을 벗다, 또는 비행기가 지면을 떠나 비행을 시작한다는 의미이다. 비유적으로는 '사업이 급성장하다'라는 의미로도 사용된다.

turn off
(스위치를) 끄다, 멈추다
전기 기기나 장치를 멈추거나 스위치를 끈다는 의미이다. 사람의 관심을 잃게 하거나 기분을 상하게 한다는 의미로도 사용된다.

go off
떠나다, (알람이) 울리다
그 외에도 '폭탄이 폭발하다' 등의 의미로 사용되지만, '무언가가 갑자기 그 자리를 떠나는'이라는 의미가 공통적으로 존재한다.

cut off
잘라내다, 단절하다
무언가를 잘라내거나 연결 및 대화를 갑자기 중단하는 것을 의미한다. 물리적인 단절이나 관계의 단절과 관련이 있다.

call off
취소하다, (계획이나 행사를) 중지하다
계획이나 이벤트를 취소할 때 사용한다. 원래 계획에서 멀어지도록(off) 요청(calling)하는 이미지를 떠올리면 의미가 잘 연결된다.

'떨어지다/벗어나다' 이미지로 이해하는 off 구동사

전치사 off의 기본 이미지는 '떨어지다·벗어나다'이다. 따라서 off가 포함된 구동사들은 대부분 '원래 위치에서 벗어난다'는 개념으로 이해할 수 있다. off 구동사들은 대부분 '분리' 또는 '중단'의 의미를 가진다. 예를 들어 take는 동사 자체로는 '잡다'지만 off와 결합하면 '벗다, 이륙하다'가 된다. '가다'를 의미하는 go도 off의 이미지를 적용하면 'go off = 알람이 울리다'는 의미가 되는데, go off는 '조용하거나 정지된 상태'에서 무언가가 갑자기 작동되거나 움직이거나 울리는 동작으로 보면 이해가 쉽다.

put off
미루다

put(놓다) + off(떨어지다)의 조합으로 '무언가를 떨어져 있는 상태로 놔두다'는 이미지에서 유래했다. 계획이나 행사를 뒤로 미룰 때 사용한다.

kick off
시작하다

회의나 경기 등 중요한 일의 시작을 나타낸다. 비즈니스와 일상 대화 모두에서 쓰이며, 축구 경기 시작에서 유래한 표현이다.

lay off
일시 해고하다

lay(눕히다) + off(떼어놓다)의 조합으로 '직원을 일시적으로 놓아준다'는 의미를 가진다. 경영 악화 시 일시적으로 직원을 쉬게 할 때 사용한다.

get off
(교통수단에서) 내리다

버스나 기차 등에서 내릴 때 쓴다. 반대말은 get on(타다)이다.

drop off
내려주다

차량에서 누군가를 내려줄 때 사용한다. 반대말은 pick up(태우다)이다.

up이 들어간 구동사

up은 '위·상승'이라는 긍정적인 이미지를 가지므로, 관련 구동사도 대부분 긍정적인 의미를 지닌다. 하지만 예외도 있으니 주의하자.

get up
일어나다

get up은 잠에서 깬 후 몸을 일으키는 동작까지 포함한다. 반면 wake up(깨다)은 잠든 상태에서 눈을 뜨는 것만을 의미한다.

make up
화해하다, 화장하다

상황에 따라 다른 의미로 쓰이는 구동사다. '보충하다', '꾸며내다' 등의 의미도 있다.

break up
헤어지다

연인이나 파트너와의 관계, 비즈니스 관계를 끝낼 때 쓴다. 깨진(break) 관계나 상태가 완전히 끝난다(up)는 뉘앙스가 있다.

catch up (with)
따라잡다

뒤쳐진 것을 만회하고 따라잡는다는 뜻. 정보나 일정의 격차를 메울 때도 사용한다. 앞서 가는 사람을 '잡아낸다(catch)'는 이미지다.

come up (with)
다가오다, (문제 등이) 발생하다

누군가가 가까이 오거나, 주제나 문제가 갑자기 제기될 때 쓴다. 해나 별이 떠오르거나 예상치 못한 사건이 일어나는 것을 표현하기도 한다.

up 구동사는 일반적으로 긍정적인 의미가 많지만…

up이 포함된 구동사는 대체로 get, make, catch 등 긍정적인 뉘앙스의 동사와 결합하는 경우가 많다. 하지만 break(깨다)나 back(뒤로) 같이 부정적인 이미지의 동사와 결합할 때도 있다. 이 경우 up은 '위'나 '상승'의 의미가 아니라, 해당 동사의 상태가 '완료된다'나 '완전히 그렇게 된다'는 의미를 갖는다.

keep up
계속 유지하다

현 상태를 지속하거나 다른 사람과 비슷한 속도를 유지하며 꾸준히 노력한다는 뜻. 지속적인 노력이나 속도 유지를 나타낸다.

bring up
키우다, 언급하다

아이를 키우다, 대화 중에 새로운 주제를 꺼낸다는 의미이다. 자신이 성장하는 경우는 grow up(성장하다)를 사용한다.

pick up
데리러 가다, 줍다

동사 pick은 '고르다'는 뜻이지만, up과 결합하면 '차에 태우다'나 '위로 들어올리다'는 뉘앙스가 추가된다.

set up
설치하다

기기나 장비를 설치하거나 조립하다. 이벤트나 프로젝트 준비, 컴퓨터 및 계정 초기 설정에도 사용한다.

back up
지원하다, 백업하다

back(뒤)에 up을 결합해 '뒤에서 지원한다'는 의미. 물리적인 후퇴나 역류를 의미할 때도 있다.

3-1 원어민이 자주 쓰는 구동사 (전치사 편) ④

down이 들어간 구동사

down은 '위에서 아래로'라는 기본 이미지를 가진다. 동사의 의미에 이 이미지를 더해 구동사의 의미를 이해하면 쉽다.

break down
고장나다, 분해되다

기계가 고장나고, 협상이 결렬되는 등 물리적이거나 추상적인 것이 부서지는 것을 의미한다. 건물이나 구조물을 '허물다'는 tear down이다.

shut down
폐쇄하다, 중단하다

시설이나 기계, 업무 등을 일시적 또는 영구적으로 중지하거나 폐쇄한다는 의미이다. 컴퓨터의 셧다운이나 기업의 폐쇄 등에도 사용된다.

turn down
거절하다, (소리/빛을) 줄이다

제안을 거절하거나 음량이나 조명의 밝기를 낮추는 것을 의미. 비즈니스나 일상 대화에서 자주 사용되는 표현이다.

cut down
줄이다, 베어 넘어뜨리다

비용이나 시간, 자원 등을 절약하고 줄인다는 의미. 나무를 베어내다는 의미로도 사용된다.

slow down
속도를 늦추다

운동이나 진행 속도를 느리게 한다는 의미로, 교통이나 작업의 페이스 등에 사용된다. 반의어는 speed up(속도를 높이다).

'물리적' 의미와 '추상적' 의미를 함께 떠올리기

'위에서 아래로'의 핵심 이미지를 가진 전치사 down이 포함된 구동사들은, 물리적 의미와 추상적 의미를 동시에 지니는 경우가 많다. 예를 들어, break down은 '기계가 고장 나다'(물리적)와 '협상이 결렬되다'(추상적)의 의미를 모두 가지며, get down은 '높은 곳에서 내려오다'(물리적)와 '과제에 진지하게 몰두하다'(추상적)의 의미를 가진다. 이처럼 down이 포함된 구동사들은 문맥에 따라 의미가 달라지므로, 정확한 해석을 위해 맥락을 잘 파악하는 것이 중요하다.

calm down
진정시키다

감정이나 행동이 과열된 상태에서 차분하고 안정된 상태로 돌아온다는 뜻. cool down도 비슷한 의미지만 주로 물리적인 냉각을 가리킨다.

put down
기록하다

정보를 종이나 디지털 매체에 적어두는 행위. 유사어 write down은 '쓰다'는 행위 자체에 더 초점을 둔다.

get down
내려오다, 진지하게 착수하다

높은 곳에서 내려온다는 물리적인 의미와, 과제나 일에 집중하여 진지하게 임한다는 추상적인 의미가 있다.

knock down
넘어뜨리다, (가격을) 내리다

물리적으로 사람이나 물건을 쓰러뜨리거나 가격을 낮추는 것을 말한다. 같은 down을 사용한 fall down은 쓰러지거나 실패하는 것을 의미한다.

lay down
눕히다, 제정하다

사람을 조용히 눕히다, 물건을 신중히 놓다는 동작을 가리킨다. 법률이나 규칙, 방침 등을 규정한다는 의미로도 사용된다.

PART 3 구동사는 핵심 이미지로 외운다

3-1 원어민이 자주 쓰는 구동사 (전치사 편) ⑤

in이 들어간 구동사

동사와 전치사 in을 결합한 구동사들을 정리했다. in은 기본적으로 '~안에'라는 의미지만, 구동사로 사용될 때는 다양한 뉘앙스로 활용된다.

get in
도착하다, (차량 등에) 탑승하다

목적지에 도착하거나 차량에 올라탈 때 사용한다. 바깥에서 안으로 들어오는 경우는 come in(들어오다)을 쓴다.

take in
수용하다, 이해하다

정보 등을 자신 안에 받아들이고 이해하는 의미이다. 어떤 것을 내부로 가져오거나 누군가를 데려오는 경우에는 bring in을 사용한다.

fill in
기입하다, 메우다

서류나 양식에 필요한 정보를 기입하거나, 빈칸을 메우는 것을 의미한다. 전치사 for를 추가해 fill in for라고 하면, '대신하다'는 의미가 된다.

hand in
제출하다

과제나 서류 등을 제출하는 것을 말한다. 물리적으로는 '상대의 손 안에 들어가다=건네주다'는 이미지가 있지만, 데이터 같은 형태의 제출에도 사용된다.

turn in
반납하다, 취침하다

사용한 물건이나 빌린 물건을 '돌려주다'는 뜻이다. 또한 잠자기 위해 '침대에 들어가다'는 의미도 있다. 하루 활동을 마치고 잠자리에 드는 뉘앙스를 포함한다.

'안으로 들어간다'는 이미지를 여러 의미로 확장하기

전치사 in의 기본 개념은 '~안으로'이다. in이 포함된 구동사 중에는 walk in(걸어 들어가다)나 cut in(끼어들다)처럼 직관적으로 이해하기 쉬운 표현이 많지만, hand in(제출하다)나 call in(전화하다)처럼 바로 연상하기 어려운 표현도 있다. 하지만 이런 표현들도 어원을 따져보면 '상대방 손 안으로 넣다 = 제출하다'나 '안으로 불러들이다'처럼 in의 기본 이미지와 연결됨을 알 수 있다.

call in
전화하다, 불러들이다
call(전화 걸기, 부르다)에 in이 더해짐으로써 '내부로의 연락'이나 '안으로 불러들이기'라는 뉘앙스가 강조된다.

cut in
끼어들다, 개입하다
대화나 행동 중간에 끼어들거나 방해하는 행위를 뜻한다. 한편, 문제 해결을 위한 개입에는 step in이라는 표현을 사용한다.

join in
참여하다
활동이나 대화에 참여할 때 사용되는 표현이다. join에 전치사 in(안으로)이 더해짐으로써, '함께 활동에 들어가다'는 뉘앙스가 담겨 있다.

sign in
로그인하다, 도착 서명을 하다
웹사이트나 앱에 로그인하거나 방문지에서 이름을 기록하고 기록을 남긴다는 의미이다. 호텔이나 공항에서의 절차는 check in.

walk in
걸어 들어가다, 예고 없이 방문하다
문을 열고 방에 들어갈 때와 같이 물리적으로 걸어 들어가는 동작을 말한다. 예약이나 사전 통지 없이 갑자기 방문하는 의미로도 사용된다.

3-1 원어민이 자주 쓰는 구동사 (전치사 편) ⑥

out을 사용한 구동사

전치사 out은 기본적으로 '외부로'라는 의미를 지닌다. 동사와 결합하면 '숨겨진 것을 드러내다', '외부로 작용하다' 등 다양한 의미로 확장된다.

find out
눈치채다, 발견하다

find(찾다)와 out의 조합으로 '숨겨진 정보나 사실을 조사해 밝혀낸다'는 뉘앙스를 가진다. 조사 결과를 통해 알게 될 때 사용한다.

figure out
이해하다, 해결하다

복잡한 문제나 상황을 이해하거나 해결책을 찾다는 의미이다. 비용 등을 산출할 때에도 사용된다.

point out
지적하다

중요한 사항이나 문제점을 알리다. 대화나 토론 중 상대방의 주의를 환기시킬 때 쓰이며, 비판적인 지적에도 활용된다.

go out
외출하다, 사라지다

'외출하다' 외에, '불이나 빛이 자연스럽게 꺼지다'는 의미도 있다. 식사를 목적으로 한 외출에는 eat out(외식하다)를 사용한다.

hang out
빈둥거리다, 한가롭게 시간을 보내다, 어울리다

친구나 가족과 특별한 목적 없이, 편안하게 함께 시간을 보내는 것을 의미한다. 일상적인 대화에서 자주 사용되는 캐주얼한 표현이다.

'밖으로 나가는' 이미지를 떠올리며 의미를 추측한다

out은 기본적으로 '안에서 밖으로', '숨겨진 것을 드러낸다'는 핵심 이미지를 가진다. 예를 들어 find(찾다)에 out을 결합하면 숨겨진 정보를 '찾아낸다'는 의미가 된다. go out(외출하다), eat out(외식하다), hang out(어울리다)처럼 물리적으로 밖으로 나가는 이미지가 쉽게 연상되는 표현들도 많다.

work out
운동하다, 해결되다

운동이나 훈련을 하다, 문제를 해결하다, 일이 잘 되다 등 여러 가지 의미를 가진다. 문맥에 따라 의미를 적절하게 파악할 필요가 있다.

get out
나가다, 유출되다

어떤 장소에서 밖으로 나가거나 탈출하는 등 물리적인 이동을 나타낸다. 또한, 정보나 비밀이 새어나오다, 즉 '누설되다'는 의미로도 사용된다.

carry out
실행하다, 특정 임무를 완수하다

'계획이나 지시를 실행에 옮기다', '특정 임무를 완수하다'는 의미로 사용된다. 착수한 단계에서도, 완수한 단계에서도 사용할 수 있다.

fill out
기입하다

서류나 양식에 필요한 정보를 입력하다. 특히 신청서나 설문조사 등 정해진 항목을 채울 때 사용한다.

hand out
나눠주다

자료나 선물 등을 여러 사람에게 배포하다. 집단 내에서 다수의 사람에게 물건을 전달할 때 쓰이며, 비즈니스나 학교 등에서 자주 사용한다.

3-1 원어민이 자주 쓰는 구동사 (전치사 편) ⑦

for가 포함된 구동사

for가 들어간 구동사들은 '특정 대상에게 향하다', '요구하다'는 기본 이미지를 바탕으로 다양한 의미를 가진다. 동사와 for의 조합으로 자연스럽게 의미를 유추할 수 있다.

ask for
요청하다
타인에게 구체적인 물건이나 정보를 요구하거나 요청할 때 사용한다. 'ask for + (사람)'로 '(사람)과의 만남을 요구하다'는 의미로도 사용된다.

call for
요구하다
특정한 행동이나 물건이 필요할 때 사용되는 표현이다. 이 표현은 무언가를 요구하거나 필요로 할 때, 강한 의지나 절박함이 담긴 뉘앙스를 갖는다.

send for
부르다
사람이나 물건을 특정한 장소로 오게 하다는 의미이다. 특히 긴급한 상황에서 자주 사용된다. send(보내다) 뜻과 반대로, 이 표현은 '이쪽으로 부르다'는 뉘앙스를 가진다.

look for
찾다
물건이나 사람 등을 찾는다는 의미. 찾는 물건의 크기에 관계없이, 일상적으로 폭넓게 사용된다.

hope for
바라다
'바라다, 기대한다'는 의미. 감정적인 문맥에서 많이 사용되며, 주로 긍정적인 뉘앙스가 있다.

약간 이해하기 어려운 for의 핵심 이미지

for는 '대상을 향하다', '무언가를 구하다(요구하다)'는 핵심 이미지를 가지고 있다. 예를 들어 pay for나 care for에는 대상을 위해 행동한다는 뉘앙스가 담겨 있다. pay for는 금전이나 행위에 대한 책임을 지다는 의미이고, care for는 돌보다 또는 애정을 쏟다는 뜻을 나타낸다. 한편, ask for나 call for는 '무언가를 요구하다'는 의미를 포함하며, 그 요구하는 대상에 자신의 의지를 집중하고 있다는 점을 나타낸다.

wait for
기다리다

사람이나 사건을 기다릴 때 사용한다. 시간적 여유나 인내를 내포한 표현이다. 'I'm waiting for ~'처럼 진행형으로도 자주 쓰인다.

apply for
지원하다, (채용시험에) 응시하다

신청하거나 응모할 때 쓴다. 직장이나 학교 등에 지원할 때 주로 사용하는 표현이다.

pay for
지불하다, 대가를 치르다

대금을 지불한다는 의미이다. 행동의 결과로 무언가를 잃거나 대가를 치르는 경우에도 사용된다.

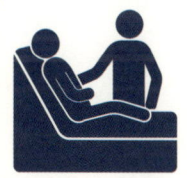

care for
돌보다, 호의를 가지다

누군가를 돌보다, 호의적인 감정을 가지다는 의미이다. 특히 가까운 사람에게 애정을 표현할 때 사용된다.

stand for
상징하다, 의미하다

무언가를 상징하고, 의미하며, 지지하는 것을 뜻한다. 주로 A stand for B (A는 B의 상징이다)라는 형태로 사용된다.

플러스 α

전치사가 '정반대'인데도 비슷한 의미가 되는 구동사

구동사 중에는 동사는 같지만 전치사가 정반대인데도 비슷한 의미를 가지는 경우가 있다. 특히 fill in과 fill out, break down과 break up이 대표적인 예이다.

fill in, fill out 비교

구동사 fill in과 fill out은 **둘 다 '기입하다, 작성하다'는 의미**지만 미묘한 뉘앙스 차이가 있다. 먼저 fill in은 빈칸 등에 정보를 기입하는 것을 의미한다. 예를 들어 설문지나 신청서의 일부 항목에 이름이나 주소를 적을 때 사용하는 표현이다. 이 표현은 특히 **'빈칸을 채우는' 이미지가 강하게 담겨 있으며**, Please fill in your name.(이름을 기입해 주세요) Fill in the blank.(빈칸을 채워 주세요)와 같은 문장에서 자주 사용된다.

한편, fill out은 서류 전체에 필요한 내용을 모두 기입하는 것을 의미한다. 즉, **서식의 모든 항목을 빠짐없이 작성한다는 느낌을 준다**. 예: Please fill out this form. (이 서식을 빠짐없이 작성해주세요)

이처럼, fill in은 부분적인 빈칸을 채우는 것, fill out은 전체 양식을 작성하는 것이라는 차이가 있으므로, 상황에 따라 적절히 구분해서 써야 한다.

비즈니스 현장 등 공식 문서를 작성할 때는 정확한 표현 구분이 필요하고, 일상 회화에서는 Fill in the blank.(빈칸을 채우세요), Fill out this form.(이 양식을 모두 작성해 주세요) 같은 형태로 많이 사용된다.

fill in과 fill out

fill in
빈칸에 정보를 기입하다
용지의 '공란을 채우는'이라는 뉘앙스가 있다.
예… *Please fill in your name.* (이름을 기입해주세요)

fill out
서류 전체에 필요한 사항을 기입하다
용지의 '모든 항목을 채워야 한다'는 뉘앙스가 있다
예… *Please fill out this form.* (이 서류를 모두 작성해 주세요)

이처럼 고정된 문장으로 외워두면, 자연스럽게 구분해서 사용할 수 있다. 참고로, 영국 영어에서는 fill in을 선호하는 경향이 있고, 미국 영어에서는 fill out이 일반적으로 더 자주 사용된다.

fill in 뒤에 for + (사람)을 붙이면, 조금 더 넓은 의미의 '메우다, 대신하다'는 의미가 된다. 예를 들어, I will fill in for you while you're on vacation. (당신이 휴가 중일 때, 제가 대신 일을 하겠습니다)처럼, '누군가의 자리를 대신하다, 대리 역할을 하다'라는 뜻으로 사용할 수 있다.

break down, break up 비교

동일하게, 구동사 break down과 break up은 둘 다 '고장나다'는 의미를 가지고 있지만, 사용하는 대상과 그 뉘앙스에는 차이가 있다.

break down은 주로 '고장나다'나 '분해하다'라는 의미로 사용되며, 기계나 시스템이 작동하지 않게 되는 것을 가리킨다. 일반적으로는 The car broke down. (차가 고장 났다)와 같이 물리적인 것의 고장에 자주 사용되지만, Let me break down the process for you. (그 과정을 분해해서 설명할게요)처럼 추상적인 대상에 사용되기도 한다.

break up은 인간관계, 특히 연애 관계가 끝나는 것을 나타낼 때 자주 사용된다. 예를 들어 "그들은 헤어졌다."의 경우에는 They broke up.라고 표현한다. 또한 집회나 그룹이 해산될 때도 The meeting broke up. (회의가 해산되었다)처럼 사용된다.

이처럼, break down은 무엇인가가 '작동하지 않게 되거나 분해되는' 상황에, break up은 '연애 관계가 끝나거나 해산되는' 상황에 사용된다.

break down과 break up

break down
부서지다, 분해하다
주로 물리적인 것의 고장에 사용된다.
예… *The car broke down.*(차가 고장이 났다.)

break up
깨지다
인간관계, 특히 연애관계가 끝나는 것에 사용된다.
예… *They broke up.*(그들은 헤어졌다.)

3-2 원어민이 자주 쓰는 구동사 (동사 편) ①

go가 들어간 구동사

go는 보통 '가다'로 이해하지만, 구동사로 사용될 때는 '떠나다, 멀어지다'라는 핵심 이미지를 기억해두는 것이 중요하다.

go ahead
진행하다, 전진하다

앞으로 나아간다는 의미뿐 아니라, 계획을 진행하게 하거나, 행동을 촉진하는 의미로도 사용된다. "Go ahead!"(어서 하세요!)처럼 명령에도 사용됨.

go back
돌아가다, 되돌아가다

'~로 돌아가다'처럼 물리적인 장소로 돌아갈 때 자주 사용되지만, 과거의 기억이나 사건을 되돌아볼 때도 사용된다.

go over
검토하다, 다시 살펴보다

보고서나 계획 등을 재확인하거나 면밀히 체크할 때 사용된다. 사람이나 물체가 물리적으로 '넘다'는 의미로도 사용된다.

go through
겪다, 통과하다

특히 정신적인 어려움을 극복할 때 사용된다. 서류나 계획을 상세히 확인하거나 절차를 차례대로 진행할 때에도 사용된다.

go for
가지러가다, ~을 구하다

목적이나 대상을 향해 행동을 시작하는 뉘앙스. Go for it!는 "해봐!" "힘내!"라는 격려의 문구로 자주 사용된다.

물리적인 의미뿐만 아니라 폭넓은 의미로 이해하자

go의 핵심 이미지는 '현재 위치에서 다른 곳으로 떠나다'는 개념이다. go 구동사들은 물리적 이동뿐 아니라 계획 진행, 문제 해결, 정보 전달 등 다양한 상황에서 활용된다. 예를 들어 go ahead는 단순히 '앞으로 가다'는 의미 외에 '계획을 추진하다'는 뜻도 있다. 마찬가지로 go back은 장소에 돌아갈 때뿐 아니라 시간적으로 과거를 회상할 때도 쓰인다.

go with
동행하다, 동의하다
누군가와 동행하거나 동의할 때 사용된다. 또한 A go with B(A는 B와 어울린다)와 같이 사물의 조합이나 궁합을 나타낼 때도 사용할 수 있다.

go around
돌아다니다, 퍼지다
걷는 행동을 나타내는 것 외에도, The news is going around. (뉴스가 퍼지고 있다)와 같이 정보나 소문이 퍼지는 상황에도 사용된다.

go by
지나가다, 통과하다
시간이 흐름에 따라(시간이 지나는 것처럼) 시간의 경과를 나타낼 때 자주 사용된다. 물리적으로 어떤 것이 지나간다는 의미도 있다.

go away
떠나다, 사라지다
불쾌한 상황이나 사람이 떠나거나 없어지는 경우. 고통이나 문제가 해결되었을 때는 The pain went away.(고통이 사라졌다)와 같이 표현된다.

go wrong
실수하다, 잘못되다
Something went wrong.(무언가 잘못되었다)처럼 계획이 예상과 다르게 흘러갈 때, 실수하거나 문제가 발생한 상황을 표현.

come이 들어간 구동사

기본 동사 come은 전치사와 결합해 다양한 의미로 확장된다.
모두 '다가오다'라는 핵심 이미지를 떠올리면 이해하기 쉽다.

come back
돌아가다
물리적으로 있던 장소로 돌아가거나 시간적으로 과거 상태로 돌아갈 때 사용된다. 유행이나 감정이 돌아올 때에도 사용된다.

come across
우연히 마주치다
전치사 across(가로지르다)와 결합해 '무언가가 눈앞을 가로지르듯 갑자기 나타난다'는 이미지를 형성한다.

come over
다가오다
이쪽으로 찾아오다, 방문하다는 의미이다. Why don't you come over for dinner? (저녁 먹으러 우리 집에 올래?)와 같은 표현을 쓸 수 있다.

come from
~ 출신이다
사람이나 사물의 출신지나 기원을 나타낼 때 사용된다. 제품이나 물건의 원산지, 유래를 설명할 때도 쓰인다.

come through
극복하다, 통과하다
어려운 상황이나 시련을 극복하고, 성공이나 성과를 이룬다는 의미이다. 물리적으로 '통과하다'라는 의미도 가지고 있다.

'다가오다'는 이미지를 바탕으로 확장해 보자

come이 포함된 구동사는, come의 핵심 이미지인 '다가오다, 오다'를 연상하면 각 표현의 의미를 더 쉽게 파악할 수 있다. 예를 들어, come back은 '돌아가다', come across는 우연히 앞에 '나타나다', come over는 누군가를 만나러 '오다'라는 식으로 이해할 수 있다. go를 사용하는 구동사들과 마찬가지로, 물리적인 접근뿐만 아니라, come through(해내다), come along(잘 되어가다)처럼 추상적인 의미를 가진 구동사도 많다.

come along
잘되다, 동행하다

일이 진행되다 또는 동행하다는 의미이다. 또한, 일이 잘 풀리다, 잘되어가다는 뜻으로도 사용되며, 진행 상황을 물을 때 자주 쓰이기도 한다.

come out
나타나다, 공개되다

비밀이 밝혀지다, 제품이 출시되다, 물리적으로 밖으로 나오다, 숨겨졌던 것이 보이게 되다 등 다양한 의미가 있다.

come off
실현되다, 떨어지다

일이 성공하거나 계획대로 진행된다는 의미. 물건이 떨어지거나 벗겨지는 물리적인 의미로도 사용된다.

come by
손에 넣다, 들르다

전치사 by는 '~의 곁에'라는 핵심 이미지를 가지며, come by는 우연히 어떤 것을 얻거나, 잠깐 들르다, 지나가다는 의미로 사용된다.

come apart
흩어지다

물리적으로 물건이 산산이 부서지거나 망가지는 것을 의미한다. 더 나아가, '감정이 흐트러지다', '무너지다'는 의미로도 사용된다.

get을 사용한 구동사

get은 '얻다', '손에 넣다'라는 의미를 가진 기본 동사이지만, 전치사나 부사와 결합함으로써 다양한 '상황을 얻는' 표현으로 확장될 수 있다.

get over
극복하다

over(위를 넘다)라는 이미지에서 비롯되어, 어려움이나 질병 등을 헤쳐 나와 극복한다는 뉘앙스로 사용된다.

get through
견뎌내다, 마치다

through(통과하다)라는 이미지에서 비롯되어, 시간이나 어려움을 이겨내고 무사히 끝낸다는 뉘앙스로 사용된다.

get back
돌아오다, 되찾다

원래의 장소나 상태로 돌아오다, 잃었던 것을 되찾다. get back home(집에 돌아오다)는 상황을 '되찾다'는 추상적 의미로도 사용할 수 있다.

get away
벗어나다, 도망치다

어떤 장소나 상황에서 멀어지거나 도망치다. 스트레스에서 해방되는 것처럼, 일상에서의 일시적인 탈출이나 휴식을 원할 때에도 사용된다.

get by
어떻게든 해내다

by(~의 곁에)라는 이미지에서 비롯되어, 어려운 상황에서도 최소한의 방법으로 어떻게든 견뎌낸다는 의미가 된다.

일상 회화와 비즈니스 현장에서 유용하다

get의 코어 이미지는 '무언가를 손에 넣어 자신의 것으로 만든다'이다. get을 사용한 구동사는 get over(극복하다)나 get through(견뎌내다), get ahead(출세하다)나 get into(흥미를 갖기 시작하다) 등 긍정적인 뉘앙스의 표현이 많은 것이 특징이다. 또한 get across(이해시키다)나 get together(모이다)처럼 커뮤니케이션과 관련된 표현도 적지 않다.

get around
여기저기 다니다

다양한 장소로 이동하거나 넓은 범위를 돌아다니다는 의미. 어려움이나 문제를 '피하다'라는 의미도 있다.

get across
건너다, 이해시키다

다리나 도로 등을 물리적으로 '건너다'는 의미와 생각이나 의도를 '상대방에게 전하다, 이해시키다'라는 추상적인 의미를 가진다.

get together
모이다

사람들이 모여 함께 행동하다. Let's get together.는 "함께 모이자."라는 의미로, 친구나 가족이 만나는 상황에서 자주 사용된다.

get ahead
출세하다

다른 사람보다 앞서 나가 성공하다. ahead(앞으로 나아가다)라는 이미지에서 비롯되어, 경쟁에서 승리하여 선두를 달린다는 뉘앙스를 표현한다.

get into
들어가다, (흥미를) 갖기 시작하다

특정 활동이나 취미에 깊이 관여하기 시작하거나 흥미를 갖기 시작한다는 의미. 물리적으로나 정신적으로 무언가에 깊이 빠져듦을 나타낸다.

3-2 원어민이 자주 쓰는 구동사 (동사 편) ④

keep을 사용한 구동사

기본 동사 keep에는 '유지하다, 보존하다'라는 코어 이미지가 있지만,
그 대상이나 상황에 따라 다양한 의미를 지닌다.

keep on
계속하다

일이나 공부에서 어려움이 있어도 포기하지 않고 계속하다는 의미이다. 비슷한 뜻을 가진 표현 carry on(계속하다)은 격식 있는 상황에서 사용된다.

keep in
안에 가두어두다

분노나 슬픔 같은 감정을 표출하지 않고 억누를 때, 물리적으로 무언가를 안에 보관해둘 때 사용된다.

keep off
접근하지 않다, 건드리지 않다

물건이나 장소, 사람과 거리를 유지하거나 건드리지 않는다는 의미이다. Keep off the grass.(잔디에 들어가지 마시오.) 같은 표지판에 사용된다.

keep away
멀리하다, 접근하지 않다

물건이나 사람을 멀리하거나 자신이 접근하지 않도록 한다. keep off와 유사하지만, 이 표현은 사람과의 심리적 거리를 둘 때에도 사용할 수 있다.

keep out
들어가지 않다

안으로 들어가지 않고 밖에 머무르거나, 관계를 피할 때 사용한다. keep off는 물건이나 표면에 접촉하지 않는 것을 강조하는 표현이다.

긍정과 부정의 두 가지 측면을 자유자재로 활용하다

keep은 '유지하다, 보존하다'라는 코어 이미지를 지니고 있어, 대상에 따라 긍정적인 표현이 될 수도 있고 부정적인 표현이 될 수도 있다. 예를 들어 keep on(계속하다)나 keep at(끈질기게 노력하다)는 긍정적인 의미로 사용할 수 있지만, keep off(접근하지 않다)나 keep away(멀리하다), keep out(들어가지 않다) 등은 무언가가 다가오거나 들어오는 것을 막는 부정적인 뉘앙스를 지닌다.

keep back
접근하지 못하게 하다, 억제하다

사람이나 물건이 앞으로 나아가지 못하게 하거나, 감정이나 정보를 억제하여 드러나지 않도록 한다는 의미.

keep down
억제하다, 제한하다

증가나 발전을 억제한다는 의미. 특히 감정이나 비용, 폭동 등이 확산되지 않도록 억제할 때 사용된다.

keep from
자제하다, 피하다

감정이나 충동을 억누르거나 특정 행동을 자제하다. 무의식적으로 하게 될 행동을 의식적으로 억제하는 상황에서 사용한다.

keep to
약속을 지키다, ~에 머무르다

약속이나 규칙을 지키거나, 무언가를 충실히 따른다는 의미. 또는 특정 장소나 방향에 '머무르다'라는 의미도 있다.

keep at
끈질기게 노력하다, 계속하다

어려움이나 장애가 있어도 포기하지 않고 계속한다는 의미. 동기를 유지하며 노력하는 자세를 강조하고 싶을 때 사용한다.

PART 3 구동사는 핵심 이미지로 외운다

take을 사용한 구동사

기본 동사 take는 단독으로 사용하면 '가지다'는 의미이지만,
그 이미지에서 전혀 다른 의미의 구동사도 존재한다.

take over
인수하다

사람이나 조직으로부터 무언가를 인수하다. 회사 경영권을 인수하는 경우 등 비즈니스 상황에서 빈번히 사용된다.

take out
꺼내다

물건을 밖으로 꺼내다(가져오다). 패스트푸드점에서 "포장해주세요."라고 말할 때는 to go(미국)나 take away(영국)가 일반적이다.

take up
시작하다, 재개하다

새로운 활동이나 취미를 시작하다는 의미. '테니스를 시작하다'나 '새 직장을 시작하다' 같은 문맥에서 사용된다.

take down
떼어내다, 내리다

게시물을 떼어내거나 건물이나 구조물을 해체할 때 사용된다. '메모를 하다', '묶은 머리를 풀다' 등의 의미도 있다.

take away
가져가다, 빼앗다

물리적으로 물건을 가져가는 경우뿐 아니라, '자유를 빼앗다'처럼 추상적으로 감정이나 권리 등을 박탈한다는 표현에도 사용된다.

핵심 이미지 '무언가를 손에 쥐다'에서 연상하다

기본 동사 take의 코어 이미지는 '무언가를 손에 쥐다'로, 여기서부터 다양한 의미의 구동사로 파생된다. take out(꺼내다)나 take down(제거하다) 같은 물리적인 이동이나 소유와 관련된 표현뿐 아니라, take over(인수하다)나 take up(시작하다) 등 추상적인 의미까지 폭넓게 지닌다. 또한 take away(가져가다)는 물리적인 의미뿐 아니라, 감정이나 권리 등 추상적인 대상을 '빼앗다'라는 의미로도 사용된다.

take back
되찾다, 취소하다

내놓았던 물건 등을 되찾는 경우뿐 아니라, 감정이나 의견을 취소할 때 등 추상적인 표현에도 사용된다.

take to
좋아하다, 적응하다

무언가를 좋아하게 되거나 새로운 환경이나 활동에 익숙해진다는 의미. 새로운 곳에 살면서 그 생활에 적응할 때 등에 사용된다.

take along
가지고 가다, 데리고 가다

무언가를 가지고 가거나 누군가를 동행시킨다는 의미. 친구를 행사에 데려가는 경우나, 여행에 필요한 물건을 휴대할 때 등에 사용된다.

take after
(부모나 조상을) 닮다

외모나 성격, 행동이 가족 중 누군가와 비슷하다. take(받다)와 after(~의 뒤)라는 의미에서, 유전자를 물려받는다는 뉘앙스.

take for
~이라고 생각하다, 간주하다

'단정짓고 ~라고 믿다', '~를 당연시 여기다'는 의미. I took him for a teacher.(나는 그를 선생님으로 알았다.)처럼 사용한다.

3-2 원어민이 자주 쓰는 구동사 (동사 편) ⑥

make/give를 사용하는 구동사

기본 동사인 make와 give를 사용한 구동사를 모아봤다.
make의 '만들다'와 give의 '주다'라는 이미지를 다양한 상황에 적용해보자.

make out
이해하다, 구분하다

무언가를 이해하거나 구별한다는 의미. 정보나 상황을 파악하거나, 물건이 선명하게 보인다는 뉘앙스이다.

make of
~을 어떻게 생각하다, 해석하다

무언가에 대한 의견이나 해석을 묻는 경우에 사용한다. What do you make of his reaction? (그의 반응에 대해 어떻게 생각해?)처럼 사용된다.

make for
~로 향하다, ~을 초래하다

특정 장소로 향하거나 어떤 결과를 초래한다는 의미. '성공으로 향하다', '혼란을 초래하다'와 같은 문맥에서 사용된다.

make over
개조하다, 양도하다

물건을 개조하거나 새로운 형태로 바꾼다는 의미. '재산을 상속인에게 양도하다'처럼 사람이나 물건의 소유권을 이전할 때에도 사용된다.

make into
~로 만들다

특정 재료나 원작으로부터 새로운 것을 만들어 낼 때 자주 사용된다. "이 책은 영화화되었다."와 같은 문맥에서 사용된다.

기본적인 의미뿐 아니라 동사의 '다의성'을 떠올리자

make는 '~을 만들다'라는 타동사로, 목적어로는 물건이 오는 느낌이 강하지만, 그 외에도 '만들다'라는 이미지에서 연상하기 어려운 구동사도 많기 때문에 유연하게 그 뉘앙스를 파악할 필요가 있다. give는 '주다'라는 긍정적인 뉘앙스의 동사이지만, '내주다'라는 의미도 있어 give up(포기하다)나 give in(양보하다)처럼 부정적인 의미로도 사용된다.

give up
포기하다

목표나 도전을 중간에 포기하다, 단념하다는 의미. 물건이나 지위를 내줄 때에도 사용된다.

give in
양보하다, 지다

상대의 요구나 의견에 따라 자신의 주장을 접을 때 사용된다. 어려움이나 유혹에 굴복할 경우에도 쓰인다.

give out
배포하다, (기계 등이) 고장 나다

물건을 많은 사람에게 나누어 주거나 분배한다는 의미. 기계나 체력이 한계에 달해 정상적으로 기능하지 못할 때에도 사용된다.

give off
(냄새나 빛 등을) 발산하다

물건이 냄새나 열, 빛 등을 주위에 방출한다는 의미. 자연 현상이나 화학 반응 등을 표현할 때 자주 쓰인다.

give back
돌려주다, 반환하다

빌린 물건이나 받은 물건을 원래 주인에게 돌려준다는 의미. 구체적인 물품뿐 아니라 추상적인 것을 돌려줄 때에도 사용된다.

PART 3 구동사는 핵심 이미지로 외운다

3단어로 구성된 구동사

구동사는 2단어뿐 아니라 3단어로 구성되는 것도 있다. 비슷한 동사·전치사를 사용하더라도 2어와 3어일 때 의미가 크게 달라질 수 있으므로 주의가 필요하다.

look forward to
~을 기대하다

미래의 일에 대한 기대감을 표현한다. to는 전치사이므로, to 뒤에 동사를 이어갈 때는 동명사(-ing)를 사용하는 것이 포인트이다.

look up to
~을 존경하다

look up은 '올려보다, 찾아보다'라는 의미이지만, 전치사 to를 붙이면 '~을 존경하다'라는 의미가 된다.

take care of
~을 돌보다

누군가나 무언가를 보살피다는 의미. 2단어의 take care는 "몸조리 잘 하세요.", "조심하세요." 등 인사나 주의를 줄 때 사용된다.

get rid of
처분하다, ~을 제거하다

필요 없는 것이나 귀찮은 것을 없앤다는 의미. 여기서 rid는 '제거하다'라는 뜻의 동사 rid의 과거분사형이다.

run out of
~이 떨어지다, 고갈되다

물리적인 자원이나 시간이 다 소진되다. run(흐르다)과 out(밖으로 나가다)의 이미지가 합쳐져 '다 떨어지다, 고갈되다'라는 의미로 사용된다.

자주 사용되는 3단어 구동사를 익히자

구동사에는 동사+부사+전치사의 3단어로 구성된 것이 있다. 이들은 하나의 의미를 지닌 구동사로, 통합된 형태로 사용된다. 그중에는 make up(화장하다, 화해하다)와 make up for(~을 보상하다)처럼 2단어와 3단어 구동사에서 의미가 완전히 달라지는 경우도 있으므로 주의가 필요하다. 여기서는 특히 사용 빈도가 높은 3단어 구동사를 모아봤다.

make up for
~을 보상하다

과거의 행동이나 손실에 대해 보상이나 개선을 한다는 의미. 2단어의 make up(화해하다 · 화장하다)과는 의미가 다르므로 주의.

come up with
~을 생각해내다

2단어의 come up은 물리적인 출현이나 사건의 발생을 가리키지만, come up with는 아이디어나 해결책을 고안해내다는 의미이다.

get along with
~와 잘 지내다

2단어의 get along만으로도 '잘 어울리다, 잘해나가다'라는 의미지만, '~와'라는 특정 상대를 표현할 때는 전치사 with를 사용한다.

keep in touch
연락을 계속하다

친한 사람이나 중요한 관계의 사람과 정기적으로 연락하다. 특히 떨어져 있거나 오랫동안 만나지 못한 사람과의 관계를 유지할 때 사용된다.

stand up for
~을 옹호하다, ~을 위해 맞서다

주로 정당성, 권리, 신념을 지키기 위해 행동하거나 발언할 때 사용된다. 비판이나 어려움에 대해서도 적극적으로 옹호하는 태도를 나타낸다.

마크식 영어 습득의 비결 ③

단어 암기에 탁월하게 효과적인
고속 반복 학습법

같은 단어장을 '여러 번' 반복한다

단어 암기 방법은 사람마다 다르지만, 제 주변에서 많은 사람들이 실천하고 일정한 성과를 내고 있는 방법이 있다. 물론, 나 자신도 이 방법으로 단어를 습득했다. 그것이 바로 '고속 반복 학습법'이다. 여기서 중요한 건 '고속'과 '반복'이다.

하는 방법은 간단하다. **단어장을 빠르게 훑어보기만 하면 된다**. 그리고 계속해서 페이지를 넘겨 나간다. 이때, 단어 하나하나를 무리하게 외우려고 하지 않아도 된다. 물론 필사할 필요도 없다. 단어를 보고, 뜻이나 예문을 보면서, 일단 계속 다음으로 진행한다.

가장 중요한 것은 **'같은 단어장을 여러 번 반복해서 계속한다.'는 점**이다. 인간은 아무리 철저히 외운 것 같아도, 다음 날이면 절반 이상은 잊어버리게 된다. 그래서 여러 번 반복하는 것이 가장 효과적인 것이다.

그렇다고 두꺼운 단어장을 무작정 읽어 나가는 것은 고통스러울 것이다. 그래서 '완전히 외운 단어'에 체크 표시를 하고, **다음 회차부터는 그 단어를 건너뛰며 진행한다**. 회차를 거듭할수록 외워야 할 단어가 줄어들기 때문에, 점차 한 권을 빠르게 끝낼 수 있게 된다.

여러 번 반복해서 단어장을 읽다 보면, 대부분의 단어가 기억에 남게 되지만, 그중에는 몇 번을 반복해도 외워지지 않는 단어가 남는다. '또 이거야! 하지만 뜻이 생각나지 않아…'라는 상황이 되지만, **외워지지 않는 단어일수록 여러 번 보게 되므로, 결국 모든 단어를 외울 수 있게 된다**.

이것이 바로 고속 반복 학습법이다. 매일 빠르게 읽어 나가도 좋고, 다음 날 전날 내용을 복습한 후 진행하는 것도 효과적이다. 더욱이, 소리를 낼 수 있는 환경이라면, 음독을 병행하는 것도 추천한다. 자신만의 방식으로 자유롭게 응용해 도전해 보길 바란다.

PART 4

한꺼번에 외우는 비슷한 뜻의 유의어

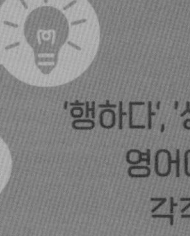

'행하다', '생각하다'를 의미하는 단어를 비롯해, 영어에는 다양한 유의어가 존재한다. 각각 어떤 뉘앙스 차이가 있는지, 그림을 보며 이해해보자.

4-1 뉘앙스로 구분하는 기본 동사 ①

'행하다'의 유의어 표현

기본 동사 do를 대신할 대체 표현은 다양하다. 캐주얼한 대화는 간단한 단어로도 충분하지만, 비즈니스 메일 등에서는 적절한 단어를 선택해야 한다.

do
하다

일반적인 행위나 작업을 '하다'라는 의미의 동사. 폭넓게 사용되며 일상생활의 다양한 상황에서 쓰인다.

act
행동하다

구체적인 행위나 동작을 일으킨다는 의미로, 신속한 반응이나 결정이 필요한 경우에 사용된다.

perform
(임무나 역할을) 수행하다, 공연하다

'행하다'라는 넓은 의미를 가지며, 임무나 작업의 수행과 관련된 문맥에서 자주 쓰인다. 또한 연극이나 음악 등 예술적인 퍼포먼스를 '공연하다'라는 의미로도 빈번히 사용된다.

practice
(습관적으로) 실행하다

습관적으로 반복적으로 실행하다, 실천하다는 의미로, 일상적이거나 습관적인 활동에 임할 때 사용된다.

뉘앙스가 비슷한 동사들의 구분에 주의하자

영어에서 '수행하다'라는 뉘앙스를 지닌 동사는 많지만, 여기서 특히 주의해야 할 것은 execute와 undertake 두 단어이다. 둘 다 계획이나 임무를 실행한다는 의미를 지니며, 뉘앙스 차이는 크지 않다. execute는 계획이나 프로그램을 '엄격하게' 실행함을, undertake는 맡은 임무나 프로젝트를 책임감 있게 '시작함'을 나타낸다.

accomplish
(목표나 목적을) 달성하다

목표나 목적을 이루거나, 특정한 성과를 내거나, 무언가를 성공적으로 마쳤을 때 사용된다.

conduct
(조사나 실험 등을 체계적으로) 수행하다

'수행하다, 운영하다'의 의미로, 조사나 실험 등을 체계적으로 진행할 때 쓰인다. '지휘하다'라는 뜻도 있다.

execute
(계획이나 프로그램을 엄격하게) 실행하다

계획이나 프로그램을 엄격하게 실행함을 의미하며, 특히 법적이나 공식적인 맥락에서 사용된다.

undertake
(임무 등을 맡아서) 착수하다

임무 등을 수락하고 시작하거나, 착수한다는 의미로, 새로운 도전이나 책임을 질 때 사용된다.

4-1 뉘앙스로 구분하는 기본 동사 ②

'생각하다'의 대체 표현

기본 동사 think와 그 대체 표현들을 모아봤다. 매우 유사한 뉘앙스의 단어들이 많으므로, 미묘한 차이를 정확히 파악해두는 것이 중요하다.

think

(일반적으로) 생각하다

'생각하다, 사색하다, 여기다'라는 의미. 일상생활에서 무언가를 이해하거나 판단을 내릴 때 사용되는 기본적인 동사.

consider

(선택지를) 고려하다

'고려하다, 검토하다, 심사숙고하다'라는 의미. 특정 선택지나 상황에 대해 깊이 있게 생각할 때 사용된다.

contemplate

(깊이) 숙고하다

깊고 오래도록 사물에 대해 생각하다. 특히 미래 계획이나 철학적 문제에 대해 시간을 들여 진지하게 고민할 때 쓰인다.

deliberate

(신중히) 검토하다

결정이나 행동을 위해 신중하게 시간을 들여 숙고하고 검토하다. 특히 법률이나 정치 등 중요한 논의나 결정이 필요한 상황에서 사용된다.

특히 뉘앙스가 비슷한 4개 단어에 대한 설명

'깊이 생각하다'라는 의미를 지닌 단어는 많지만, 뉘앙스가 조금씩 다르다. 선택지나 상황을 평가할 때는 consider, 깊고 장기적으로 사색할 경우에는 contemplate이 적합하다. 반면 법률이나 정치적 판단을 신중히 논의하거나 중요한 결정을 내릴 때는 deliberate를 사용한다. 또한 깊이 문제를 파고들어 사색할 경우에는 ponder를 쓴다.

ponder
사색하다

특정 주제나 문제에 대해 깊이 생각하다. 철학적 의문이나 중대한 결정을 고민하거나 그 의미와 영향에 대해 깊이 탐구할 때 사용된다.

mull
(시간을 들여) 숙고하다

특정 문제나 아이디어에 대해 시간을 들여 천천히 생각하다. 즉각적인 결론을 내리지 않고 반복적으로 고민하며, 서두르지 않고 사고한다는 뉘앙스가 있다.

speculate
(가설을 세워) 추측하다

근거가 불확실한 사항에 대해 가설을 세워 추측한다는 의미. 특히 미래 사건이나 알려지지 않은 것에 대해 사색할 때 쓰인다.

reflect
(경험을 돌아보며) 생각하다

과거 사건이나 경험을 되돌아보며, 그 의미나 교훈을 생각하다. 개인적인 경험이나 행동을 점검할 때나, 교육이나 상담 상황에서도 자주 사용된다.

'잠자다'의 여러 표현

'잠자다(잠들다)'라고 하면 sleep이나 go to bed가 떠오를 것이다. 하지만 그 외에도 휴식이나 낮잠 등 상황에 따라 사용할 수 있는 다양한 표현이 존재한다.

doze off

꾸벅꾸벅 졸다

의식이 흐려져 잠깐 동안 얕은 잠에 드는 것을 의미. 특히 공부나 회의 중 꾸벅꾸벅 조는 등 의도치 않게 잠깐 잠들 때 사용한다.

snooze

졸다

버스나 지하철에서 짧은 시간 동안 잠에 드는, 즉 '졸다'라는 뜻이다. 알람시계의 재알림 기능도 snooze라고 부른다.

nap

잠깐 자다, 낮잠 자다

낮 시간의 짧은 잠이나 휴식을 의미한다. 기분 전환을 위해 일이나 공부 중간에 15~30분 정도 잘 때 자주 사용된다.

catnap

잠깐 자다

10분 정도의 짧은 수면. 고양이가 잠깐 자는 모습에서 유래했다. 외출 중이나 휴식 시간에 잠시 잘 때 사용된다.

기본 동사와 결합하여 사용하는 표현도 있다

여기서는 동사를 중심으로 '잠자다(잠들다)'를 의미하는 어휘를 모았지만, fall asleep이라는 기본 동사 fall+형용사 asleep의 조합이나, catch some z's라는 기본 동사 catch+명사구 조합에 의한 표현도 있다. 또한 nap은 자동사로 '잠깐 졸다'라는 의미와, 명사로 '낮잠, 잠깐 졸음'이라는 의미를 지닌다. 명사로 사용될 경우, take a nap(낮잠 자다)이라는 표현이 일반적이다.

slumber
잠들다, 졸다

일반적인 수면을 의미하는 sleep보다 문학적이고 시적인 느낌을 주며, 고요하고 평온한 잠을 의미한다. 은유적으로 무언가의 활동이 정지된 상태를 나타내기도 한다.

fall asleep
잠들다, 잠에 빠져들다

점차적으로 잠에 빠진다는 의미. 의도적으로 잠드는 경우도, 의도치 않게 잠들어 버리는 경우도 포함하며, 잠드는 순간이나 잠에 빠지는 상태를 나타낸다.

catch some z's
자다

'코를 잡는다(=이빨을 잡는다)'는 뜻의 이 표현은 '자다'를 의미하는 캐주얼한 구어체 표현이다. 만화 등에서 잠잘 때 나는 소리의 의성어로 'Z'가 그려지는 것에서 유래되었다.

snore
코를 골다

잠자는 동안 코나 입으로 소리를 내는, 즉 '코를 골다'라는 행위를 가리킨다. 명사 snore는 '코골이'라는 의미이다.

'만들다'의 대체 표현

기본 동사 make(만들다)와 그 대체 표현 단어들을 모아봤다. 우리말의 '만들다'에 다양한 뉘앙스가 있듯이, 영어로 '만들다'를 표현하는 동사도 다양하다.

make
만들다

'만들다'라는 의미의 가장 일반적인 동사로, 일상적인 행동부터 추상적인 개념까지 폭넓게 사용된다. 특정한 과정이나 방법을 따지지 않는 범용적인 단어.

create
창조하다

무에서 유를 창조한다는 뉘앙스가 강하며, 예술, 발명, 아이디어 창출 등에 사용된다. 특히 독창성이 요구되는 상황에 어울린다.

craft
(손수) 만들다

정교한 물건을 만들어 낸다는 의미. 공산품이나 예술 작품 등, 숙련이 필요한 손작업으로 만들 때 자주 사용된다.

generate
생성하다

에너지나 데이터 등 새로운 것을 만들어 낸다는 의미. 특히 기술적인 문헌에서 자주 사용된다.

대략적인 그룹으로 정리하자

여기서 소개하는 make(만들다)의 유의어는 크게 3가지로 분류할 수 있다. 먼저, make, create, craft, generate는 아이디어나 작품을 창조·제작함을 의미한다. build, construct는 물리적인 구축에 초점을 두지만, build는 신뢰 관계나 비즈니스 구축 등 추상적인 것에도 사용된다. manufacture는 대량 생산이나 공산품에서 자주 쓰이며, 효율성과 규모를 강조한다.

build
짓다

구조물이나 계획을 조립한다는 의미를 지닌다. 특히 집이나 인프라 건설 등에 사용되며, 물리적으로 구축하거나 조립할 때 쓰인다.

construct
건설하다

대규모 구조물이나 시스템을 건설하거나 구축한다는 의미로, 건축 관련 분야에서 자주 사용된다. 이론이나 논의의 구축에도 쓰인다.

produce
생산하다

제품이나 구체적인 결과물을 만들어낼 때 사용된다. 농작물이나 영화, 보고서 등 폭넓은 대상에 적용되는 동사.

manufacture
제조하다

'제조하다, 제작하다'라는 의미로, 기계를 이용한 대량 생산을 나타낸다. 자동차 등의 공산품을 생산할 때 주로 사용된다.

'부수다'의 대체 표현

동사 break(부수다, 부서지다)와 그 대체 표현 단어들을 모아봤다.
같은 '부수다'라도 정도나 대상에 따라 사용하는 동사가 다르다.

break

부수다, 부서지다

'부수다, 부서지다'는 의미를 지닌 가장 일반적인 동사. 물건이 부서지는 등의 물리적 파손부터 규칙을 어기는 등의 추상적 대상까지 폭넓게 사용된다.

damage

손상을 입히다

물건이나 사람에게 손해나 손상을 입힌다는 의미. 물리적 손상뿐 아니라, 명예나 감정 등을 해칠 때도 사용된다.

tear

찢다, 찢어지다

종이나 천 등 부드러운 재질에 주로 사용되며, 의도적으로 찢는 경우나 부주의로 찢어지는 경우에도 쓰인다.

crack

금이 가다, 금이 가게 하다

물체에 금이나 갈라짐이 생긴다는 의미. 특히 단단한 재질에 사용되며, 완전히 부서지지는 않은 상태를 나타낸다.

타동사인지 자동사인지도 함께 외워 두자

'부수다, 부서지다'와 관련된 동사에는 타동사와 자동사 모두로 사용되는 것과, 타동사로만 사용되는 것이 있다. 예를 들어, break는 타동사로 '부수다'와 자동사로 '부서지다'라는 의미 모두로 사용할 수 있다. 마찬가지로, tear, crack, crush, smash, collapse도 타동사·자동사 양쪽으로 쓰인다. 반면 damage, demolish는 타동사로만 사용되며, 목적어가 되는 건물 등을 의도적으로 부순다는 의미로 쓰인다.

crush
눌러 부수다, 찌그러지다
압력을 가해 물체를 눌러 부순다는 의미. 빈 캔을 찌그러뜨리는 등 물리적으로 형태를 변형시키는 상황이나 '정신적으로 짓누르다'라는 감정적인 의미로도 쓰인다.

smash
산산조각내다, 산산조각나다
강한 힘으로 물체를 산산조각 내다. 꽃병을 내리쳐 깨뜨리는 경우나 스포츠에서 강타하는 등, 파괴의 격렬함이나 충격을 동반하는 뉘앙스가 있다.

collapse
붕괴시키다, 무너지다
구조물이 무너져 내린다는 의미로, 주로 건물이나 다리 등 대규모 붕괴에 사용된다. 사람의 의식이나 계획이 무너지는 등의 비유적 사용도 있다.

demolish
해체하다
건물 등의 구조물을 의도적으로 해체하거나 철거한다는 의미. 논의를 분쇄하다, 계획이나 제도를 폐지한다는 의미도 있다.

'고치다'의 대체 표현

동사 fix(고치다)와 그 대체 표현 단어들을 모아봤다. 기계나 건물의 수리·복구뿐 아니라, 의류의 수선이나 몸의 치료 등, 고치다(치료하다)를 나타내는 동사는 다양하다.

fix
고치다, 고정하다

물건을 수리하거나 원래 상태로 돌릴 때 사용된다. 간단한 수리부터 복잡한 문제까지 폭넓게 쓰인다. '고정하다'라는 의미도 있다.

repair
수리하다

부서진 물건이나 시스템이 정상적으로 기능하도록 수리한다. 일상적인 수리에서 폭넓게 사용되지만, 특히 기계나 설비 수리에 많이 쓰인다.

mend
수선하다

천이나 의류의 찢어짐을 메우는 작은 손상의 수선이나 가벼운 수리를 의미한다. 인간관계나 상황을 '회복하다'라는 의미로도 사용된다.

patch
고치다, 수선하다

작은 수리나 구멍을 임시방편으로 막는 행위. 천, 도로, 소프트웨어 결함 등 가벼운 수리에 주로 사용된다.

'규모'와 '대상'으로 구분해서 사용하자

'고치다'의 뉘앙스를 지닌 유의어를 구분해서 사용하는 핵심은 '규모'와 '대상'이다. 소규모는 mend, patch, 대규모는 renovate가 적합하다. 고치는 대상으로 분류하면 기계에는 fix, repair, 건물에는 restore, renovate가 통용된다. 의류 수선에는 mend나 patch, 몸에는 heal, 문서 등은 correct와 같이 대상에 따라 적절한 단어를 선택해야 한다.

heal
치유하다, 치료하다

주로 신체적·정신적 상처나 질병을 치료할 때 사용된다. 의학적 문맥에서 자주 쓰이지만, 몸이 가진 자연 치유력을 가리킬 때도 많다.

correct
수정하다

잘못이나 오류를 바로잡아 올바른 상태로 만든다는 의미. 특히 문서 교정이나 데이터 수정에 자주 사용된다.

restore
복원하다

부서진 것을 원래 상태로 되돌린다. 오래된 건물이나 자동차, 예술품 복원, 컴퓨터 데이터 복구 등에 쓰인다.

renovate
개조하다

오래된 건물이나 방을 개조한다는 의미. '수리'와 '새로 고침'의 두 가지 뉘앙스를 모두 지니며, 부동산이나 인테리어 분야에서 자주 사용된다.

4-1 뉘앙스로 구분하는 기본 동사 ⑦

'바꾸다'의 대체 표현

동사 change(바꾸다, 바뀌다)와 그 대체 표현 단어들을 모아봤다. '무엇을, 어떻게' 바꾸는지를 상상하면서, 미묘한 뉘앙스 차이를 구분해보자.

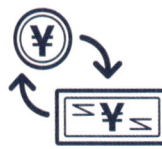

change
바꾸다, 바뀌다
사물의 상태나 성질, 위치 등을 바꾼다는 의미를 지닌다. 변화의 내용이나 정도는 특별히 제한되지 않으며, 일상적인 변화부터 큰 변혁까지 표현할 수 있다.

shift
옮기다, 바뀌다
물체의 위치나 방향을 바꾸거나, 상황이나 입장이 바뀔 때 사용한다. 초점을 옮긴다는 '전환하다'라는 뉘앙스를 나타내는 경우가 많다.

modify
변경하다, 수정하다
주로 개선이나 조정을 목적으로 한 변경을 의미한다. 계획이나 디자인 등을 개선하기 위해 약간 손을 보는 등, 긍정적인 뉘앙스가 있다.

transform
변형시키다, 변형되다
사물의 형태나 성질이 극적으로 변한다는 의미. 애벌레가 나비로 변하는 등, 외형이나 형태가 크게 바뀔 때 사용된다.

변화의 정도와 목적에 따라 구분해서 사용하자

'바꾸다, 바뀌다'라는 의미의 동사는 많지만, 변화의 '정도'나 '목적'에 따라 구분해서 사용하는 것이 중요하다. 예를 들어 change나 transform은 큰 변화를 의미한다. 반면 modify나 revise는 개선이나 미세 조정의 뉘앙스가 있으며, 부분적인 변경 시에 사용된다. shift는 변동이나 위치 이동을 나타내고, convert나 replace, switch는 교체나 대체라는 뉘앙스를 포함하고 있다.

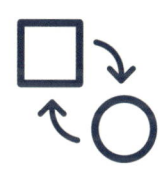

convert
변환하다, 전환하다

어떤 형태에서 다른 형태로 바꾸는 것을 의미한다. 지붕이 열리고 닫히며 형태를 바꿀 수 있는 자동차인 convertible car(컨버터블카)의 이미지와 같다.

switch
전환하다, 교체하다

둘 이상의 것의 위치나 역할을 바꾼다는 의미. 스위치 조작으로 기기의 작동 모드가 바뀌는 경우에도 사용된다.

replace
대체하다

'대신하다, 교체하다, 후임이 되다'는 의미. 부품이 고장 나 새로운 것으로 교체하는 경우나 인사이동 등에도 쓰인다.

revise
수정하다, 개정하다

문서나 계획 등의 내용을 검토해 변경·정정한다. 재평가나 새로운 정보를 추가·갱신한다는 뉘앙스도 포함된다.

4-1 뉘앙스로 구분하는 기본 동사 ⑧

'보여주다'의 대체 표현

기본 동사 show(보여주다)와 그 대체 표현 단어들을 모아봤다.
기초적인 동사가 많으므로, 뉘앙스 차이를 익혀 구분해서 사용하자.

show

보여주다

일상 대화부터 공식적인 자리까지, '보여주다'라는 의미로 가장 일반적이며 폭넓게 사용되는 단어. 무언가를 보여주거나 밝히거나 감정을 표현할 때도 쓰인다.

point

가리키다

'가리키다, 지적하다'라는 의미. 손가락으로 특정 위치나 방향을 가리키는 것 외에도, 의견이나 사실에 대해 말로 지적할 때도 사용된다.

suggest

제안하다, 암시하다

직접적이지 않고 은근히 제시한다는 의미. 의견이나 생각을 전할 때도 일상적으로 사용된다.

indicate

지적하다, 표시하다

사실이나 정보, 방향 등을 분명히 표시하거나 지적한다는 의미. 신호나 계기판, 경제지표 등을 나타내는 indicator라는 명사도 자주 쓰인다.

명사로 바꾸면 의외로 친숙한 단어들

show나 point 외의 단어들은 다소 격식 있는 인상을 주지만, 일상 대화에서도 폭넓게 사용된다. 또한 여기 소개하는 단어들은 대부분 접미사 '-or'나 '-tion'을 붙이면 명사가 되어, 우리에게도 친숙한 것들이 적지 않다. 예를 들어 presentation(발표), demonstration(시연), exhibition(전시) 등은 의외로 일상에서 자주 접하는 표현들이다.

present
제시하다, 발표하다

공식적인 자리나 프레젠테이션에서 정보나 아이디어를 보여주거나 발표할 때 사용된다. 회의나 행사 등 격식 있는 상황에서 주로 쓰인다.

demonstrate
시연하다

구체적인 행동이나 예시를 통해 개념이나 사용법을 시연하며, 명확히 보여 준다는 의미. 설명이나 제품 설명 장면에서 자주 사용된다.

display
진열하다, 전시하다

상품이나 작품을 보여주기 위해 배열하거나 전시할 때 쓰인다. 또한 화면에 정보를 표시할 때에도 사용된다. 명사 display는 '전시'나 '화면'의 의미.

exhibit
전시하다

예술 작품이나 쇼를 전시하거나 발표한다는 의미. exhibition(전시회)이라는 명사도 자주 사용된다.

4-1 뉘앙스로 구분하는 기본 동사 ⑨

'주장하다'의 대체 표현

기본 동사 claim(주장하다, 요구하다)의 유의어 구분 포인트는
'무엇을 목표로 하는가'를 명확히 인식하는 것이다.

claim
주장하다, 요구하다
무언가가 사실이라고 주장하거나, 당연한 것으로 무언가를 요구한다는 의미. 개인의 권리를 요구할 때 등에 자주 사용된다.

press
강요하다
물리적으로 누르는 것뿐 아니라, 무언가를 강력히 요구하는 상황이나 논쟁에서 중요한 점을 반복 강조할 때도 사용된다. '압력을 가하다, 호소하다'는 뉘앙스를 포함한 표현.

assert
단언하다, 강조하다
자신 있게 무언가를 단언하거나, 자신의 의견이나 입장을 명확히 주장한다는 의미. 그러한 태도를 assertive라는 형용사로 표현할 수 있다.

insist
고집하다
자신의 의견이나 요구를 굽히지 않고 강하게 주장한다는 의미. 상대가 반론해도 '절대로 자신이 옳다'고 확신하며 계속 말하는 뉘앙스.

목적에 따라 분류하고, 뉘앙스 차이를 파악하자

claim의 유의어들은 미묘한 뉘앙스 차이가 있지만, 주요 목적에 따라 '요구, 주장, 전달'의 3가지로 분류할 수 있다. claim과 press는 권리를 주장하며 상대방에게 무언가를 '요구'할 때 사용된다. 또한 assert, insist, argue, emphasize는 자신의 생각을 관철시키고 강한 '주장'으로 설득하고 싶은 상황에서 쓰인다. state, declare는 공식적으로 사실이나 의견을 '전달'하는 목적으로 사용된다.

argue
논쟁하다, 주장하다

대립하는 의견을 가진 사람과 이유나 근거를 제시하며 논의하거나 말다툼 한다는 의미. 감정적·논리적인 논쟁 상황에서 사용된다.

emphasize
강조하다

중요성 등을 강조하다. 프레젠테이션이나 교육 상황 등에서 특히 주목받게 하려 할 때 쓰인다.

state
말하다, 진술하다

공식적으로 진술하거나 분명히 말한다는 의미. 주로 공식적인 자리나 격식 있는 맥락에서 사실이나 정보를 명시적으로 전할 때 사용된다.

declare
선언하다, 공표하다

정식으로 선언하거나 공식적으로 발표한다는 의미. 정치적인 상황이나 계약 등 공식적인 발표와 관련해 자주 사용된다.

4-1 뉘앙스로 구분하는 기본 동사 ⑩

'평가하다'의 대체 표현

동사 evaluate(평가하다)와 그 대체 표현 단어들을 모아봤다.
사용되는 상황이 명확히 다르므로, 시나리오를 생각하며 익히는 것이 좋다.

evaluate
평가하다

사물의 가치나 성능을 종합적으로 평가하거나 사정하다. 제품 품질이나 아이디어 유효성 등, 수치화할 수 있는 기준과 추상적인 개념 모두에 사용된다.

assess
평가하다

구체적인 기준이나 목적에 근거해 평가한다. '측정, 사정'의 뉘앙스가 강하며, 특히 리스크나 성과 평가에 자주 활용된다.

judge
판단하다

개인의 의견이나 기준에 따라 사물을 판단한다. 법률이나 경기 등 공식적 상황에서도 쓰이지만, 사람이나 상황에 대한 주관적 판단을 의미할 때가 많다.

estimate
추정하다

정확한 값이 아닌, 대략적인 예측을 하거나 견적을 내다. 금액이나 시간, 수량 등을 사전에 추정하는 상황에서 사용된다.

실제 사용되는 업계를 떠올려 보자

'평가하다'의 유의어는 실제로 사용되는 주요 업계나 분야를 알고 있으면 그 차이를 쉽게 상상할 수 있다. 예를 들어 evaluate나 assess는 교육 분야에서 학생 성적, 제품 개발, 프로젝트 효과 측정 시에 사용된다. judge는 법무나 컴플라이언스 업무에서 자주 보이며, 계약이나 소송 등의 판단 시에 사용된다. audit은 재무 감사나 품질 관리 등에서 쓰인다.

analyze
분석하다

사물을 세밀히 조사해 각 요소나 구조를 밝힌다는 의미. 과학적 데이터 분석이나 원인 규명 조사 등에 사용된다.

rate
평점을 매기다

사물의 품질이나 성능에 근거해 점수나 등급을 부여한다는 의미. 영화나 상품 리뷰에서 평점을 매기는 등, 정량적 평가나 순위 매기기를 가리킨다.

audit
감사하다

주로 재무나 업무 기록이 적정한지 조사·평가한다는 의미. 기업 회계 감사나 품질 관리 조사 등 공식적이고 엄밀한 확인 시에 사용된다.

appraise
감정하다

특정 물건이나 자산의 가치를 평가한다는 의미. 특히 부동산이나 미술품처럼 전문 지식이 필요한 대상의 평가에 사용된다.

플러스 α

'do + 명사' 형태는 잘 안 쓰는 표현일까?

우리말에서는 '공부 + 하다'처럼 명사에 '하다'를 붙여 동작을 표현하지만,
영어에서는 study라는 동사 한 단어로 표현할 수 있다.
영어에서 'do + 명사' 형태가 드문 이유는 무엇일까?

한국어와 영어의 동작 표현 차이

한국어에서는 '~하다'라는 동작 표현이 매우 많다. 예를 들어 '공부하다', '운전하다', '요리하다' 등과 같이 '명사 + 하다' 형태로 간단히 나타낼 수 있어 범용성이 높다. 이러한 표현 방식은 한국어의 큰 특징으로, 다양한 행위를 표현할 수 있다.

반면 영어에서는 동작을 표현할 때 <u>기본적으로 개별 동사를 사용하는 것이 주류다</u>. 예를 들어 '공부하다'는 study, '운전하다'는 drive, '요리하다'는 cook처럼 한 단어로 그 동작을 명확히 나타낸다. 이로 인해 동사 자체가 특정 행위를 직접 표현할 수 있어, 대화나 글이 간결하고 효율적이다.

영어는 동사의 역할이 매우 중요한 언어이며, 동작 자체를 특정하는 동사가 많다. 따라서 우리말의 '~하다'에 해당하는 표현을 굳이 명사에 덧붙일 필요가 없다.

한국어 표현과 영어 표현

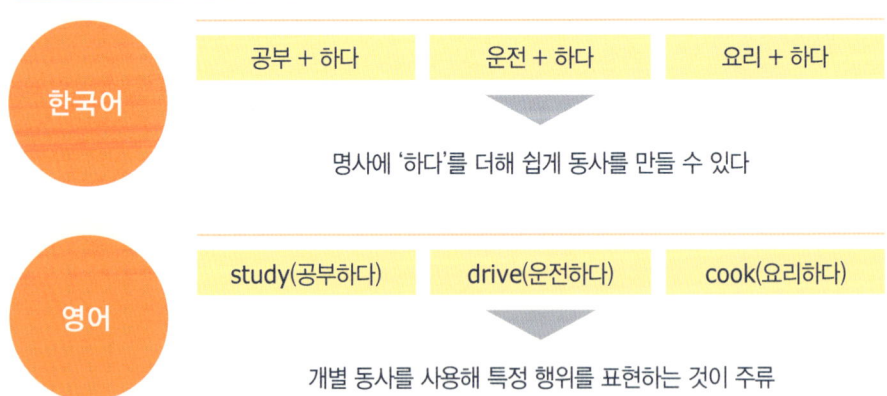

do+명사로 표현하는 경우도 있다

그렇다고 해도 영어에서도 'do+명사' 형태로 '~하다'를 표현하는 예가 몇 가지 있다. 특히 **동사가 단독으로 존재하지 않는 행동이나, 특정 뉘앙스를 강조하고 싶을 때 이 형식이 사용된다.**

아래 표는 일상적인 상황에서 자주 사용되는 'do+명사' 표현이다. 이 표현들은 관용 표현으로 영어권 일상생활에서 빈번히 사용된다. I'll do my best.(최선을 다하겠다)나 Do your best!(최선을 다해!) 등은 우리에게 친숙한 표현이다.

하지만 영어에서는 do+명사 표현이 그리 많지 않으며, 오히려 단독으로 동작 자체를 표현할 수 있는 '일반 동사'가 매우 많다. 이를 통해 동사 단독으로 더 구체적이고 정확한 표현이 가능해진다.

예를 들어 'do cleaning'은 '청소를 하다'라는 일반적인 행위만 나타내지만, do+명사 대신 동사 clean을 사용하면 'clean the room(방을 청소하다)'처럼 청소 대상(목적어)을 포함한 표현을 간단히 만들 수 있다. 마찬가지로 '조사를 하다'를 'do research'라고 할 수는 있지만, 'investigate(자세히 조사하다)'나 'analyze(분석하다)' 등을 사용하면 더 구체적인 상황을 표현할 수 있다.

또한 영어에서는 '~하다'를 의미하는 표현으로 다른 동사가 사용되기도 한다. 예를 들어 '산책하다'는 'do a walk'가 아니라 'take a walk', '쇼핑하다'는 'do shopping'보다 'go shopping'이 더 일반적이다.

스포츠 등에서도 do 대신 특정 동사가 사용된다. 한국어로는 '야구를 하다', '축구를 하다'라고 하지만, 영어에서는 'do baseball', 'do soccer'가 아니라 'play baseball', 'play soccer'가 된다.

이처럼 do+명사의 관용 표현이 몇 가지 있지만, 영어에서는 동사 자체가 풍부하고 표현이 직접적·구체적인 경우가 많기 때문에, **동사 자체를 습득하는 것이 영어 학습에 효과적이다.**

일상에서 자주 사용되는 'do+명사' 표현

do homework	숙제를 하다
do housework	집안일을 하다
do laundry	빨래를 하다
do cleaning	청소를 하다
do the dishes	설거지를 하다
do exercise	운동을 하다
do business	사업을 하다, 거래를 하다
do research	조사를 하다
do a favor	부탁을 들어주다, 친절을 베풀다
do one's best	최선을 다하다

4-2 유사한 단어의 사용법 구분 ①

'크기·공간' 관련 유의어

big / large / distance / faraway 등 크기나 공간과 관련된 유의어를 소개한다.
비슷한 표현이라도 미묘한 뉘앙스 차이가 있다.

big large

크다	크다

big은 화자의 주관으로 '크다'고 느끼는 것에 사용된다. large는 객관적인 크기를 나타내는 말로, 수량이나 용적 등 구체적인 측정에 사용하는 경우가 많다.

little  small

작다	작다

little은 감정적인 뉘앙스나 애정을 담은 표현으로 자주 쓰인다. small은 물리적으로 크기나 양이 작다는 의미다.

slim  narrow

날씬하다	좁다

slim은 형태가 가늘다는 의미로, 긍정적인 이미지를 동반할 때가 많다. narrow는 폭이 좁다는 의미로, 물리적인 제약이나 범위를 한정할 때 사용한다.

wide broad

폭이 넓다	범위가 넓다

wide는 물리적인 넓이나 개방감을 강조할 때 자주 쓰인다. broad는 더 추상적인 넓이나 범위, 또는 지식이나 식견의 넓이를 나타낼 때도 사용된다.

물리적·추상적 의미로 모두 사용 가능한 표현들

여기 소개하는 유의어들은 대부분 공간적 묘사에 사용되지만, 추상적·감정적 표현을 포함하는 경우도 있다. 예를 들어 little은 크기뿐 아니라 귀여움이나 친근감을 담은 표현이다. wide는 "How wide is the door?"(그 문은 얼마나 넓은가요?)처럼 물리적 폭을 가리킬 때가 많지만, broad는 "He has a broad knowledge."(그는 폭넓은 지식을 가지고 있다.)처럼 추상적 넓이나 범위를 나타낼 때도 사용된다.

flat ≒ even

평평한 | **균일한**

 flat은 물리적 평평함을 의미하며, 요철이 없는 상태를 나타낸다. even은 균일성이나 일관성을 강조하며, 분포나 상태가 고르다는 것을 나타낼 때 사용된다.

spacious ≒ roomy

넓적한 | **넓은**

 spacious는 방이나 건물의 공간이 크고 넓다는 객관적, 시각적 느낌이다. roomy는 실제 안에 뭔가를 넣을 수 있을 정도로 넉넉하다는 실용적인 느낌으로, 신발, 가방, 자동차 실내 등에 자주 쓰임.

distant ≒ faraway

먼 | **먼 곳의**

 distant는 거리적으로 멀리 떨어진 장소나 시간에 대해 사용된다. faraway는 물리적 거리뿐 아니라, 심리적 거리를 나타낼 때도 쓰인다.

remote ≒ secluded

멀리 떨어진 | **외딴, 인적이 드문**

 remote는 물리적으로 먼 장소, 심리적·시간적으로 먼 거리에 사용된다. secluded는 사람들의 시선을 피하기 위해 숨겨진 장소, 조용하고 프라이버시가 보장된 환경을 가리킨다.

4-2 유사한 단어의 사용법 구분 ②

'감정' 관련한 유의어

사람의 감정을 나타내는 유의어를 모았다. 기쁘다·슬프다 같은 단순한 표현뿐 아니라, 조바심이나 불안 등 미묘한 감정도 표현할 수 있는 단어들이 많다.

proud ≒ honored

자랑스러워하는 | 영광스러운

proud는 자신의 노력이나 성과에 대한 만족감을 표현할 때 사용한다. honored는 타인의 평가나 중요한 일을 맡은 것에 대한 감사나 존경을 나타낸다.

keen ≒ eager

열렬한 | 열망하는

keen은 특정 대상에 대한 강한 관심이나 호감을 나타낸다. eager는 새로운 것을 간절히 기다리거나 기대할 때 사용된다.

raging ≒ enraged

분노에 찬 | 격노하는

raging은 감정을 억제하지 못하고 격렬하게 분노하거나 광폭해진 상태를 의미. enraged는 부당한 상황이나 행동에 대해 강하게 분노한 상태를 나타내며, 그 분노의 원인이 불공평함이라는 점이 강조된다.

determined ≒ sure

확고한 | 확신하는

determined는 무언가를 결심하고, 달성할 때까지 포기하지 않는 자세. sure는 무언가가 옳다고 믿고 의심하지 않는 상태를 나타내며, 확신을 가지고 있음을 의미한다.

수동적 감정 표현을 마스터하자

감정을 나타내는 형용사는 proud(자랑스러운)나 nervous(긴장한)처럼 단순한 형용사 자체로 표현하는 것과, confused(혼란스러운)나 honored(영광스러운) 등 동사의 과거분사형을 형용사로 사용하는 것이 있다. 과거분사에는 수동의 뉘앙스가 있으므로, 예를 들어 confused라면 어떤 혼란의 원인이 있어서 그 원인으로 인해 '혼란스러워지고 있는'(=혼란스러운) 상태를 상상하면 된다.

anxious ≒ nervous

 걱정스러운 | 긴장한, 불안한

anxious는 미래에 대한 막연한 불안감을 의미하며, 장기적인 걱정을 나타낸다. 반면, nervous는 특정 사건이나 상황에 대한 일시적인 긴장이나 불안을 나타낸다.

afraid ≒ scared

 두려운, 걱정하는 | 무서워하는

afraid는 소심함이나 불안 등의 문제적인 두려움을 느낄 때 사용된다. scared는 갑작스러운 사건이나 무서운 상황 등 외부에서 오는 공포를 느낄 때 사용한다.

flustered ≒ confused

 동요하는 | 혼란스러운

flustered는 조바심이나 놀람, 압박으로 인해 차분함을 잃은 상태. confused는 복잡한 문제나 선택지의 많음으로 인해 생각이 정리되지 않고 혼란스러운 상태.

reluctant ≒ unwilling

 마음이 내키지 않는 | 마지못해 하는

reluctant는 하고 싶지 않은 상태를 나타낸다. unwilling은 더 강한 거부감을 나타내며, 무언가를 마지못해 억지로 해야 하는, 본의가 아니라는 의미.

4-2 유사한 단어의 사용법 구분 ③

'성질·특징' 관련한 유의어

'성질·특징'과 관련된 유의어를 모았다. 같은 번역이라도 영어 단어의 의미는 상당히 다를 수 있으므로, 각각의 뉘앙스 차이를 파악하는 것이 중요하다.

correct ≒ accurate

올바른 / **정확한**

correct는 어떤 사실, 규칙, 기준에 딱 들어맞는 '정답'이나 '정확한 상태'를 의미한다. 정답이 하나뿐인 경우 등에 사용된다. accurate는 정보나 데이터 등 수치적으로 오차가 없는 상태를 나타낸다.

apparent ≒ obvious

명백한 / **명백한**

apparent는 표면적으로 명백해 보이지만 사실은 다를 수 있음을 내포한다. obvious는 의심할 여지없이 뚜렷한 경우에 사용되며, 누구나 동의할 수 있는 상태를 의미한다.

beautiful ≒ pretty

아름다운 / **예쁜**

beautiful은 깊은 아름다움이나 매력을 나타내며, 풍경이나 예술 작품에도 사용된다. pretty는 상대적으로 가벼운 아름다움을 지칭하며, 외형적인 귀여움을 표현할 때가 많다.

clean ≒ pure

깨끗한 / **순수한, 청정한**

clean은 더러움이나 불결한 것이 없는 상태로, 물리적 청결함에 초점을 둔다. pure는 오염이나 불순물이 전혀 없는 상태나, 정신적·도덕적 의미로도 사용된다.

같은 '올바른'이어도 뉘앙스는 크게 다르다

형용사 유의어 중에는 한국어 번역이 같아도 뉘앙스가 크게 다른 단어들이 있다. 예를 들어 correct와 accurate는 둘 다 '올바른'이라는 뜻이지만, correct는 '사실에 부합하는 정확함', accurate는 '수치적인 정밀함'이라는 서로 다른 뉘앙스로 사용된다. 또한 luxurious와 extravagant는 비슷한 이미지가 있지만, luxurious는 긍정적인 의미를 지닌 반면 extravagant는 부정적인 '낭비'의 뉘앙스가 있다.

complex ≒ complicated

| 복잡한 | 복잡한 |

complex는 여러 요소가 얽혀 있어 구조 자체가 복잡한 상태를 나타낸다. complicated는 복잡하고 난해한 상황이나 문제를 의미한다.

cozy ≒ snug

| 아늑한 | 아늑한 |

cozy는 특히 작은 공간이나 따뜻하고 포근하고 편안함을 주는 환경에 사용된다. snug는 몸에 잘 맞는 옷이나 공간 등, 몸에 착 감겨서 기분 좋은 느낌을 말한다.

luxurious ≒ extravagant

| 호화로운 | 사치스러운 |

luxurious는 고급스럽고 호화로움을 느끼게 하는 물건이나 환경을 표현한다. extravagant는 지나치게 사치스럽고 낭비의 의미를 내포하며, 부정적인 뉘앙스를 포함하기도 한다.

different ≒ distinct

| 다른 | 확실히 구별되는 |

different는 다른 것과 다르다는 사실 자체를 나타내는 폭넓은 표현이다. distinct는 비슷해 보이는 다른 것들과 비교했을 때, 특징이나 성질이 뚜렷하게 구별되어 차이가 두드러지는 것을 의미한다.

'정도·상태' 관련 유의어

easy, difficult 등 친숙한 단어부터 perilous 등 낯선 단어까지, '정도·상태'와 관련된 유의어를 소개한다.

huge ≒ vast

거대한 | **광대한**

huge는 규모나 양이 매우 크다는 의미다. vast는 넓이나 범위의 광활함을 나타내며, 땅이나 바다, 하늘 등 공간적인 넓이를 표현할 때 사용된다.

maximum ≒ greatest

최대의 | **최고의**

maximum은 양이나 정도가 가장 큼을 나타내며, 수치적 상한선을 의미한다. greatest는 질이나 가치가 가장 높음을 나타낸다.

easy ≒ simple

쉬운 | **간단한**

easy는 큰 노력이나 고생이 필요하지 않음을 뜻한다. simple은 사물이 복잡하지 않고 단순한 모습을 나타낸다. easy는 주로 작업 등에, simple은 구조 등에 사용된다.

difficult ≒ hard

어려운 | **힘든**

difficult는 과제나 문제가 해결하기 어려움을, hard는 물리적·육체적인 어려움을 나타낸다. difficult는 지적인 어려움에, hard는 육체적 노력 등에 자주 사용된다.

형용사는 문장을 풍부하게 한다

형용사는 문장이나 대화의 의미와 뉘앙스를 풍부하게 한다. 유의어끼리 연결해 기억하면 더 많은 형용사를 습득할 수 있어 표현력이 넓어진다. 예를 들어 huge와 vast는 둘 다 '크다'는 의미지만, huge는 물체나 건물의 규모를, vast는 공간의 넓이를 강조한다. 또한 difficult와 hard처럼 추상적인 어려움과 물리적인 어려움을 구분함으로써 더 섬세한 뉘앙스를 표현할 수 있다.

monotonous ≒ boring

단조로운 / 지루한

둘 다 '지루함'을 나타내지만, monotonous는 변화가 없이 단조로운 모습을, boring은 흥미가 생기지 않아서 지루하게 느끼는 모습을 표현한다.

dangerous ≒ perilous

위험한 / 위급한

dangerous는 피해나 손실 가능성이 있는 상태를 나타낸다. perilous는 임박한 위기나 생명과 관련된 높은 위험이 닥쳤을 때 사용된다.

awful ≒ terrible

끔찍한 / 무시무시한

awful은 사물이 매우 나쁜 상태를 나타내며 불쾌감이나 혐오감을 동반한다. terrible은 두려움이나 심각함을 강조하는 표현이다.

crowded ≒ packed

붐비는 / 빽빽한

crowded는 많은 사람이나 물건으로 가득 찬 일반적인 혼잡 상태를 나타낸다. packed는 밀도가 높아 여행가방 등에 꽉 채워진 상태를 표현한다.

PART 4 한꺼번에 외우는 비슷한 뜻의 유의어

'성격·태도' 관련 유의어

유의어 중에는 아주 미세한 뉘앙스 차이만 있는 것들도 있다. 더 적합한 단어를 선택할 수 있도록 어휘에 대한 정교한 학습이 필요하다.

generous benevolent

| 관대한 | 자애로운 |

generous는 사람을 돕기 위해 물질이나 시간을 아끼지 않는 너그러움을 의미한다. benevolent는 행동보다 내면의 선의나 자비로움을 나타낸다.

thoughtful compassionate

| 사려 깊은 | 동정심 있는 |

thoughtful는 타인의 감정이나 상황을 잘 고려해 행동하는 배려심을, compassionate는 타인의 고통이나 슬픔에 대한 깊은 이해와 동정심을 나타낸다.

honest sincere

| 정직한 | 성실한 |

honest는 사실과 다른 말을 하지 않는 정직함을 나타내는 반면, sincere는 자신의 감정이나 신념에 반하는 말을 하지 않는 성실함을 표현한다.

brave heroic

| 용감한 | 영웅적인 |

brave는 두려움 없이 어려움에 맞서는 용기 있는 행동을 가리킨다. heroic는 이기심 없는 영웅적 행동이나 자기희생적인 용기를 나타낸다.

성격을 나타내는 형용사 사용법은 간단하다

자기소개나 타인소개, 인사평가 등 성격을 나타내는 형용사를 사용할 기회는 빈번하다. 사용법은 일반 형용사와 같아서 ① 보어가 되거나 ② 명사를 수식하는 두 가지 방식이다. ①의 경우 "She is honest.(그녀는 정직하다)"처럼 간단히 표현할 수 있다. ②의 경우 'generous person(관대한 사람)'처럼 명사 앞에 형용사를 위치시킨다. very 같은 부사나 more, the most 같은 비교 표현을 사용하여 강조할 수도 있다.

humble ≒ modest

겸손한 / **절제하는**

humble은 자신의 성공이나 능력을 과시하지 않고 타인을 존중한다는 의미다. modest는 자신의 성공이나 능력을 절제되게 평가하는 성격을 나타낸다.

delicate ≒ sensitive

섬세한 / **민감한**

delicate는 사람이나 물건이 상처받기 쉬워 다루는 데 신중함이 요구될 때 사용된다. sensitive는 자극에 대해 신체적·정신적으로 민감하게 반응함을 의미한다.

odd ≒ peculiar

이상한 / **특이한, 독특한**

odd는 '보통과 다른, 기이한'의 뜻이다. peculiar는 특징이나 성질이 독특하고 확고하다는 의미로, 긍정적이거나 부정적인 경우 모두 사용된다.

rude ≒ impolite

무례한 / **무례한**

두 단어 모두 '무례한, 버릇없는'이라는 뜻이지만, rude는 일부러 그런 말이나 행동을 했을 때 쓰이고, impolite는 의도하지 않았지만 결과적으로 예의 없게 보일 때 사용하는 경향이 강하다.

4-2 유사한 단어의 사용법 구분 ⑥

'감각' 관련 유의어

감각과 관련된 유의어는 warm이 '(편안하게) 따뜻한', tepid가 '(기대에 못 미치게) 미지근한'을 의미하듯, 뉘앙스가 크게 다른 것들도 존재한다.

 ≒

밝은	선명한

 bright는 빛이나 색이 밝고 눈부시다는 의미다. vivid는 색채 등이 매우 선명해 강렬한 인상을 주고 눈길을 끌 때 사용된다.

dark ≒ dim

어두운	흐릿한

 dark는 빛이 거의 없는 상태로, 전반적으로 시야가 나쁘다는 의미다. dim은 약간의 빛만 있어 충분하지 않은 어스름한 상태를 나타낸다.

clear ≒

명확한	투명한

 clear는 사물이 뚜렷해 이해하기 쉬운 상태나 시야가 맑다는 의미다. transparent는 물리적 투명성을 나타내며, 반대쪽이 비쳐 보이는 상태다.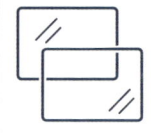

brilliant ≒

빛나는	활기찬

 brilliant는 특히 밝고 선명한 색이나 빛을 표현하며, 눈길을 끌 정도로 뛰어난 모습이다. vibrant은 색이나 소리가 생생하고 강렬한 모습이나, 에너지와 활력이 넘치는 상태를 나타낸다.

추상적 표현에도 폭넓게 활용된다

감각 관련 단어들은 정보나 사고, 심리적 감정을 묘사할 때도 사용된다. 예를 들어 vivid(선명한)는 물리적 색채뿐 아니라 vivid memory(생생한 기억)처럼 당시의 풍경이나 감정까지도 선명히 떠올리게 한다는 의미를 담는다. warm welcome(따뜻한 환영)처럼 사람의 감정이나 대응이 친절하고 호의적임을 표현하거나, cool idea(훌륭한 아이디어)처럼 세련되게 표현하기도 한다.

cool ≒ chilly

시원한 | 쌀쌀한

cool은 쾌적하고 편안한 서늘함을 표현하며, '냉정한, 무심한' 등 사람을 표현할 때도 사용된다. chilly는 cold만큼은 아니지만 약간 차갑게 느껴지는 상태를 가리킨다.

warm ≒ tepid

따뜻한 | 미지근한

warm은 쾌적한 온도로, 일반적으로 편안함이나 안정감을 동반한다. tepid는 약간 따뜻한 상태를 의미하며, 따뜻한 음료가 기대에 못 미쳐 미지근할 때 등에 사용된다.

soft ≒ tender

부드러운 | 연한

soft는 물리적 부드러움을 나타내며, 접촉 시 편안함을 느끼는 성질이다. tender는 특히 음식이나 감정에 사용되며, 씹기 쉽고 부드럽다는 의미다.

smooth ≒ silky

매끄러운 | 비단 같은

smooth는 표면이 매끄럽고 촉감이 좋은 매끈함을 나타낸다. silky는 비단(실크)처럼 부드럽고 광택 있는 느낌을 의미하며, 고급스러운 뉘앙스도 포함된다.

4-2 유사한 단어의 사용법 구분 ⑦

'시간·변화' 관련 유의어

시간과 관련된 단어와 그 유의어는 다양하다. 현재 · 과거, 시간의 길이와 관련된 표현 등 다양한 단어들을 함께 익혀두자.

new ≒ recent

새로운 | **최근의**

new는 새로 생겨났거나 처음 발견되었다는 의미다. recent는 '최근의, 근래의'라는 의미로 가까운 과거부터 현재에 이르는 기간을 나타낸다.

old ≒ ancient

오래된 | **고대의**

old는 '오래된'이라는 의미의 가장 일반적인 형용사다. ancient는 역사적 · 문화적으로 매우 오랜 시대나 시기를 나타낸다.

previous ≒ former

이전의 | **전임의, 과거의**

previous는 현재나 기준 시점보다 이전, 또는 바로 직전의 사건이나 상태를 나타낸다. former는 전임자 등, 지금은 그렇지 않은 과거의 상태나 지위를 나타낸다.

modern ≒ contemporary

현대적인 | **현대의, 동시대의**

modern은 근대적인 가치관이나 기술과 관련된 것을 나타내며, 주로 20세기 이후의 문화나 기술을 가리키는 경우가 많다. contemporary는 특히 같은 시대에 존재함(동시대성)이라는 뉘앙스가 강하다.

긴 스펠링 단어는 파트별로 기억하자

시간 관련 단어에는 immediate나 contemporary 등 비교적 긴 스펠링의 것들이 있다. 어근으로 나눠 기억하면 의미를 이해하기 쉽다. 예를 들어 immediate는 im(부정) + mediatus(중간의)라는 구성에서 '중간이 없는 = 즉각적인'이라는 의미로 해석할 수 있다. contemporary도 con(함께) + temporarius(시간의)라는 어근에서 '같은 시대의 = 현대의'라는 의미가 연상된다.

short ≒ brief

짧은 / **간단한**

short는 거리나 시간이 짧다는 의미다. brief는 특히 시간이 짧을 때 사용되며, 설명이나 발언 등이 간결하다는 의미도 있다.

long ≒ lengthy

긴 / **지나치게 긴, 길고 복잡한**

long은 거리나 시간이 길다는 의미다. lengthy는 주로 글이나 말의 길이에 대해 사용되며, 불필요하게 지나치게 길다는 부정적 뉘앙스를 포함하기도 한다.

instant ≒ immediate

순간적인 / **즉각적인**

둘 다 '즉시'라는 짧은 시간을 나타내지만, instant가 더 순간적인 짧은 시간을 표현한다. immediate는 시간뿐 아니라 거리에도 사용된다.

ongoing ≒ continuous

진행 중인 / **지속적인**

ongoing은 현재 진행 중임을 나타내며, continuous는 끊임없이 계속되는 상태를 의미한다.

플러스 α

어원과는 정반대 의미로 변한 단어들

일상에서 자주 쓰이는 영어 단어 중에는, 본래의 어원과는 정반대의 의미로 바뀐 것도 있다. awful과 awesome, terrible과 terrific 등이 그 대표적인 예이다.

awful & awesome

현대 영어 단어 중에는 오래된 어원에 비해 시대와 함께 의미가 변화한 단어가 많이 있다. 그중에서도 특히 흥미로운 것은, **어원과는 정반대의 의미로 바뀐 경우**이다. awful (끔찍한)과 awesome (굉장한), terrible (끔찍한)과 terrific (굉장한)은 그 대표적인 예이다.

awful과 awesome은 모두 'awe'라는 어원을 가지고 있으며, 이는 '두려움'이나 '경외심'의 뜻을 가지고 있다. awful은 옛날에 '두려움을 불러일으킬 정도로 엄청나다'는 긍정적인 의미로 사용되었다. 그러나 시대가 흐르면서 '무섭다', '끔찍하다'는 부정적인 뉘앙스가 강해졌고, **오늘날에는 '끔찍한, 최악의'라는 의미로 사용되는 경우가 많아졌다.**

반대로 awesome은, '두려움을 자아낼 정도로 대단하다', '경외의 감정을 품게 하다'는 부정적인 뉘앙스로 사용되던 말이었다. 그러나 **현재는 '굉장하다, 최고다'라는 긍정적인 의미로 널리 쓰이게 되었다.**

awful & awesome의 의미 변화

awful	예전: 두려움을 품을 정도로 굉장한
	현재: 끔찍한, 최악의 예: That movie was awful. (그 영화는 정말 별로였다)

awesome	예전: 공포를 불러일으키다, 경외심을 품게 하다
	현재: 굉장한, 훌륭한, 최고의 예: Your idea is awesome! (당신의 아이디어는 정말 굉장해!)

terrible & terrific

terrible과 terrific은 모두 라틴어 'terrere'(공포를 주다)에서 유래했지만, 현대 영어에서는 서로 정반대의 의미로 사용되는 경우가 많다. terrible은 '두려움을 느낄 만큼 끔찍하다'는 부정적인 의미가 강조되어, **현재는 '끔찍한, 무서운'이라는 뜻이 되었다**. 재난이나 충격적인 뉴스, 끔찍한 사건 등을 표현할 때 자주 사용된다.

terrific은 원래 '무서울 정도의'라는 의미로 사용되었지만, 시대에 따라 '엄청나다' 또는 '압도적으로 좋다'는 긍정적인 의미로 바뀌었다. **지금은 '굉장한, 훌륭한'이라는 긍정적인 의미로 널리 사용되고 있다**.

참고로, 우리에게 친숙한 nice(좋다)라는 단어도, 원래는 부정적인 의미를 가지고 있었다. nice는 라틴어 'nescius'에서 유래했으며, 처음에는 '무지한, 모르는'이라는 뜻이었다. nescius는 라틴어 scire(알다)에 부정 접두사 ne가 붙은 형태로, 지식이나 판단력이 부족한 상태를 나타냈다. 그 후 '세심한, 신중한, 정확한' 등의 의미가 추가되고, 마침내 '세련되고 품위 있는'의 긍정적인 뜻이 강조되었다. 이렇게 해서 현대 영어에서 '좋은, 우아한, 친절한' 등의 의미로 발전하게 되었다.

이처럼, 단어의 어원을 보면 이해가 되지만, 시대와 함께 의미가 크게 변하고, 지금은 정반대의 의미로 사용되는 경우도 있다. 이와 비슷한 예로 great도 들 수 있다. 원래는 '위험하다, 불편하다'는 부정적인 뉘앙스를 가지고 있었지만, 현재는 '멋지다, 최고다'라는 긍정적인 뜻으로 널리 쓰이고 있다.

terrible & terrific의 의미 변화

terrible
- 예전: 공포를 느낄 정도로 나쁘다
- 현재: 끔찍한, 무서운
  - 예: That was a terrible accident. (그건 끔찍한 사고였다)

terrific
- 예전: 무서운
- 현재: 굉장히 좋은, 훌륭한
  - 예: You did a terrific job. (정말 훌륭한 일을 해냈네)

4-3 한 단계 수준 높은 표현으로 바꿔 말하는 법을 익히자 ①

지겨운 very 대신 쓸 수 있는 표현들 ①

'정말 ~하다'라고 말하고 싶을 때, 자꾸 very만 반복해서 사용하면 표현이 단조롭게 된다. very를 쓰지 않는 강한 어감 표현을 기억하면, 어휘력이 한층 높아진다.

very angry  furious

| 매우 화난 | 격노한 |

furious는 매우 강한 분노를 나타내는 형용사로, '격노한, 분노한'이라는 뜻이다. 분노가 폭발할 듯한 강렬한 감정을 표현할 때 자주 사용된다.

very sad  sorrowful

| 매우 슬픈 | 슬픔에 가득 찬 |

sorrowful은 깊은 슬픔이나 비탄을 느낄 때 쓰는 형용사이다. 명사 'sorrow(슬픔) + -ful(~로 가득 찬)'으로 만들어진 말이다.

very busy  swamped

| 매우 바쁜 | 너무 바빠 정신없는 |

swamped는 아주 바쁜 상태를 나타내는 말이다. 업무나 과제가 산더미처럼 쌓여 있는 상황, 육아나 가사 스트레스가 많은 경우에 자주 쓰인다.

very hungry  starving

| 너무 배고프다 | 배가 너무 고파 꼬르륵거리는 |

starving은 '굶주리다'라는 의미를 가진 동사 starve에서 파생된 말로, '굶어 죽을 것처럼 배고픈' 상태를 나타낸다. 아주 배가 고플 때 쓰는 강한 표현이다.

상대에 따라서는 오히려 잘 통하지 않을 수도 있다

여기서는 very를 사용하지 않고도 강렬한 감정이나 성격 등을 강조할 수 있는 형용사들을 소개한다. I am ~, He is ~와 같은 제2형식 문장에서 보어(C)에 형용사를 넣으면 주어(S)의 감정이나 성격을 표현할 수 있다. 이러한 표현은 비즈니스 이메일이나 격식을 차린 상황에서 상황을 세련되게 강조할 때 효과적이지만, 영어가 모국어가 아닌 사람들에게는 익숙하지 않은 단어가 많기 때문에 상대에 따라서는 오히려 잘 통하지 않을 수도 있다.

very smart ➡ intelligent

| 매우 똑똑한 | 지성이 있는, 현명한 |

intelligent는 높은 지능이나 사고력을 가진 것을 나타내는 형용사이다. 학문적인 능력뿐만 아니라, 문제 해결 능력이나 판단력도 포함된다.

very shy ➡ timid

| 매우 내성적인 | 소심한, 겁이 많은 |

timid는 사람 앞에서 말하기를 어려워하거나, 새로운 도전에 소극적인 성향을 표현한다. 부정적인 의미만은 아니며, 섬세함이나 조심성이라는 뉘앙스를 담을 때도 있다.

very strong ➡ forceful

| 매우 강한 | 강력한, 힘찬 |

forceful은 신체적 힘이나 강한 의지나 영향력을 나타내는 형용사이다. 자신의 의견을 확실히 주장하거나 사람에게 강한 인상을 주는 스타일 등을 표현할 때 쓰인다.

very weak ➡ frail

| 매우 약한 | 연약한, 허약한 |

frail은 신체적 상태나 체력이 나약한 상태를 표현하는 형용사이다. 인간의 육체적인 허약함뿐 아니라, 정신적인 연약함이나 노쇠함을 나타낼 때도 사용된다.

PART 4 한꺼번에 외우는 비슷한 뜻의 유의어

4-3 한 단계 수준 높은 표현으로 바꿔 말하는 법을 익히자 ②

지겨운 very 대신 쓸 수 있는 표현들 ②

'매우 크다'나 '매우 덥다'와 같은 강조 표현도 very를 사용하지 않고
한 단어로 표현할 수 있다.

very big ⇒ massive

| 매우 큰 | 거대한 |

massive는 크기나 규모가 매우 큼을 나타내는 형용사다. 건물이나 자연 경관, 대형 제품 등 눈에 보이는 물체의 크기를 강조할 때 자주 사용된다.

very important ⇒ crucial

| 매우 중요한 | 결정적으로 중요한 |

crucial은 무언가가 매우 중요하고 결정적임을 의미하는 형용사다. 비즈니스 전략이나 인생 선택 등 중요성이 강조되는 상황에서 쓰인다.

very creative ⇒ innovative

| 매우 창의적인 | 혁신적인 |

innovative는 기존에 없던 아이디어나 방법을 도입한 혁신성을 의미한다. creative는 창의성을 강조하지만, innovative는 창의성과 실용성이 결합된 상태다.

very boring ⇒ dull

| 매우 지루한 | 딱딱한, 재미없는 |

boring은 지루함을 나타내는 가장 일반적인 형용사며, dull은 흥미를 끌지 못하거나 자극이 없는 상태를 표현한다. 재미없는 영화나 강의 등에 자주 사용된다.

'-ed'와 '-ing'는 동사가 아니라 형용사!?

형용사에는 앞서 소개한 crowded(붐비는)나 swamped(극도로 바쁜)처럼 어미가 -ed로 끝나는 동사 과거분사와, 이번 항목에서 소개하는 freezing나 deafening처럼 어미가 -ing로 끝나는 동사 현재분사가 있다. 사전에 따라 그 분류가 형용사, 과거분사, 현재분사로 다르지만, 어떻게 정의되는지보다 문장에서 형용사로 기능한다는 점이 중요하다.

very hot ➡ boiling

| 매우 더운 | 끓을 듯이 더운 |

boiling은 끓을 정도의 더위를 강조하는 표현으로, 특히 습도가 높고 무더운 상황을 가리킬 때가 많다. sweltering(찜통더위)라는 표현도 있다.

very cold ➡ freezing

| 매우 추운 | 얼어붙을 듯이 추운 |

freezing은 매우 차가운 상태니 온도를 나타내는 형용사로, 체감 온도가 극도로 낮을 때 사용된다. 감정적인 차가움에도 사용될 수 있다.

very colorful ➡ vibrant

| 매우 화려한 | 생생하고 화려한 |

vibrant는 생기 넘치고 다채로운 모습을 나타내는 형용사다. 아름다운 풍경이나 활기찬 거리 등, 특히 색채나 소리, 사람들의 열정과 활력의 강도를 표현할 때 사용된다.

very noisy ➡ deafening

| 매우 시끄러운 | 귀를 찢을 듯한 |

deafening은 극도로 큰 소음이나 소리를 나타내는 형용사다. 콘서트 음량이나 교통 소음 등이 귀가 아플 정도로 큰 상태를 표현한다.

4-3 한 단계 수준 높은 표현으로 바꿔 말하는 법을 익히자 ③

강조 형용사의 쓰임새 구분

강조할 때 사용하는 형용사들을 정리했다. 어원을 통해 이미지를 떠올리면 유의어의 미묘한 뉘앙스 차이를 이해하기 쉬워진다.

fantastic

환상적인
현실을 뛰어넘는 훌륭함을 지닌 것에 사용한다. fantasy(환상)에 접미사 '-tic'이 붙은 단어.

superb
최고의
모든 면에서 뛰어나 압도적으로 훌륭하다는 의미. super(초월하다)에 접미사 '-b'가 붙은 형용사.

awesome
경이로운
강한 감동이나 경외감을 느낄 정도의 위대함을 나타낸다. awe(경외)에 -some(일으키다)이 붙은 형용사.

terrific
굉장한
매우 좋거나 훌륭한 일을 표현한다. terri-(두려움)과 -fic(만들다)이 합쳐진 형용사.

amazing

놀라운
놀랄 만큼 훌륭하다는 의미로, 감동이나 높은 평가를 동반하는 표현. amaze는 '놀라게 하다'라는 뜻.

marvelous
경이로운
매우 우수하여 감탄을 자아내는 대상에 사용한다. marvel은 '경이로운 일'을 의미.

incredible
믿을 수 없는
예상 밖으로 믿기 어렵거나, 믿을 수 없을 정도로 훌륭함을 의미. in(부정) + cred(믿다)가 어원.

unbelievable
믿을 수 없는
현실 같지 않은 놀라움이나 감동을 주는 대상에 사용. un(부정) + believe(믿다)가 어원.

단독으로 사용해 감탄을 표현할 수도 있다

강조를 나타내는 형용사는 다양하며, 표현을 풍부하게 하는 데 매우 효과적이다. 사용법은 일반 형용사 규칙과 동일해 'a superb performance(최고의 퍼포먼스)'처럼 명사를 수식하거나, "The performance was outstanding.(그 퍼포먼스는 뛰어났다)"처럼 제2문형(SVC) 또는 제5문형(SVOC)의 보어(C)로 바로 사용할 수 있다. 또한 'Amazing!(놀랍다!)'처럼 단독으로 사용해 감탄을 표현할 수도 있다.

extraordinary

비범한
매우 드물고 특별한 성질을 가진 것에 사용한다. extra(초월한) + ordinary(평범한)가 어원.

outstanding
뛰어난
다른 것과 비교해 탁월하고 극도로 우수함을 의미한다. out(밖에) + standing(서 있다)가 어원.

exceptional
매우 우수한
'이례적인, 특별한'이라는 의미로, 재능이나 업적 등에 사용된다. exception은 '예외'의 의미.

remarkable
주목할 만한
두드러진 특징이나 우수한 성과에 대해 사용한다. re(다시) + mark(주목하다)가 어원.

great

대단한, 큰
정도나 양, 규모, 중요도 등이 큼을 표현할 때 사용한다.

grand
웅장한, 위대한
특히 큰 규모나 중요성을 강조한다. 위엄을 동반하며, 당당한 인상을 주는 표현.

enormous
거대한
매우 크다는 의미로, huge보다 더 큰 것을 나타낸다. 어원은 '비정상적인'을 의미하는 enorm.

tremendous
엄청난
크기나 양, 정도가 말도 안 되게 크다는 의미. 어원은 '두려움'을 의미하는 tremen.

4-3 한 단계 수준 높은 표현으로 바꿔 말하는 법을 익히자 ④

강조 부사의 쓰임새 구분

강조 부사는 일반적인 very(매우), so(아주), much(많이), quite(상당히) 외에도 다양하다. 대화에서도 활용할 수 있는 여러 표현을 익히자.

highly

매우
정도나 지위, 평가 등이 매우 높을 때 사용한다.

extremely
극도로
사물의 정도가 극도로 높음을 강조한다. extreme은 '극단적인'을 의미.

exceptionally
비범하게
일반적 범위를 넘어선 '비범하게'라는 의미로, 능력이나 날씨 등에 사용한다. exception은 '예외'의 의미.

exceedingly
대단히
'대단히, 지극히'라는 의미로, extremely보다 격식 있는 표현. exceed는 '초월하다'라는 의미.

completely

완전히, 전적으로
'완전히'라는 의미의 가장 일반적인 부사. complete는 '완전한'이라는 의미.

totally
완전히, 전적으로
'모든 면에서, 완벽하게'라는 의미의 캐주얼한 표현. total은 '전체의'의 의미.

entirely
완전히, 전적으로
전체적으로 완벽함을 의미하며, totally보다 격식 있는 표현. entire는 '전체의'를 의미.

thoroughly
철저히, 완전히
세세한 부분까지 철저히라는 뉘앙스를 강조한다. thorough는 '철저한'을 의미.

형용사에 접미사 -ly를 붙이면 부사가 된다

강조를 나타내는 부사는 형용사 어미에 부사 접미사 -ly를 붙인 경우가 많아, 형용사를 알면 그 의미를 추측하기 쉽다. 부사는 '명사 외의 것을 수식한다'는 특징이 있으며, really interesting(정말 흥미로운)이나 highly recommended(적극 추천하는)처럼 형용사도 수식할 수 있다. 더 나아가 문장 전체도 수식 가능해, 문장 앞에 Certainly,(확실히)나 Remarkably,(놀랍게도)를 두어 문장 전체에 감정이나 강조를 더할 수 있다.

really

정말로
사물의 진실성이나 강한 긍정을 표현한다. real은 '현실의'라는 의미.

truly
진심으로, 진정으로
마음속 깊은 성의나 감사 등의 감정을 나타낸다. really보다 약간 더 격식 있는 표현. true는 '진실의'를 의미.

certainly
확실히, 틀림없이
'절대적으로'라는 뉘앙스로, 확신을 가지고 말할 때 사용한다. certain은 '확실한'을 의미.

positively
정말로
'진정으로'라는 의미로, 진실성이나 확실성을 강조할 때 쓰인다. positive는 '긍정적인'의 의미.

greatly

대단히
'대단히'라는 의미로, 긍정적인 상황에서 자주 사용된다. great는 '크다'라는 의미가 있다.

significantly
크게, 상당히
정도나 크기가 현저함을 나타내는 격식 있는 표현. significant는 '중요한'이라는 의미.

enormously
엄청나게
수나 양이 비정상적으로 많음을 나타낸다. enormous는 '거대한'의 의미.

remarkably
현저하게, 주목할 만큼
재능이나 성과가 뛰어남을 강조한다. re(다시) + mark(주목하다)로 이루어진 단어.

마크식 영어 습득의 비결 ④

청취력 향상의 핵심은 '귀'가 아닌 '입'에 있다

효과적인 '섀도잉' 학습법

"쓰인 영어는 읽을 수 있지만 원어민 대화는 전혀 못 알아듣는다." 이런 고민을 가진 분들도 많을 것이다. 나 역시 그랬다. 인사 정도는 알아들을 수 있어도 복잡한 이야기가 되면 전혀 이해하지 못했다. 단편적으로 단어는 들려도 전체적인 맥락을 파악하지 못했다. 우리에게 영어 청취는 말하기보다 어렵게 느껴진다. 청취력을 기르려면 '듣는 능력'을 키워야 하므로 '많이 듣는 수밖에 없다'고 생각하기 쉽지만, 사실 사용하는 건 귀가 아니다.

청취력을 높이고 싶다면, 영어 음성을 들으면서 그 직후에 따라 말하는 '섀도잉'이 효과적이다. 귀로 듣는 청취 훈련인데 입을 사용하는 섀도잉이 효과적인 이유는 귀가 게을러지지 않도록 하기 위해서다. 일반적인 청취만으로는 귀는 내용을 알아들은 시점에서 역할을 끝내고, 그저 소리로만 흘려보낼 뿐이다. 당연히 뇌도 그 내용을 이해한 후에는 딴짓하며 배경음악처럼 흘려듣기만 한다. 이러면 귀는 훈련되지 않는다.

하지만 섀도잉은 다르다. 따라 말해야 하므로 음성 내용을 이해한 후에도 귀는 계속 작동하며, 대화 내용과 단어는 물론 세세한 발음까지도 캐치한다. 같은 대화를 여러 번 반복해도 귀는 의식적으로 매번 소리를 잡아 뇌에 전달해 입이 제대로 따라할 수 있도록 한다. 따라서 듣는 능력이 날카로워져 결과적으로 청취력이 향상된다.

실제로 나도 매일 30분 섀도잉을 4개월간 계속한 결과 TOEIC 청취 영역에서 만점을 받을 수 있었다. 청취 훈련은 그저 듣기만 하는 게 아니라, 입도 함께 움직여보길 바란다.

PART 5

세트로 외우는 '반의어'

유의어와 마찬가지로, '반의어'는 세트로 외우면 어휘력을 효율적으로 향상시킬 수 있다. 특히 접두사·접미사가 포함된 반의어는 활용도가 높으므로 확실히 익혀두는 것이 좋다.

5-1 반의어로 단숨에 어휘력 향상! ①

'사람·입장'에 관한 반의어

반의어는 세트로 외우면 어휘력을 효율적으로 향상시킬 수 있다.
알고 있는 단어가 있다면, 반의어도 함께 기억해두자.

employer  employee

| 고용주 | 피고용인 |

 employer는 직원을 고용하는 고용주이며, employee는 고용주에게 고용된 피고용인이다. -er와 -ee의 관계는 trainer/trainee 등의 조합도 있다.

host  guest

| 주최자, 집주인 | 초대 손님 |

 host는 행사나 모임을 주최하는 사람이다. guest는 그 행사에 초대받아 참여하는 사람이다. 웹 회의에서도 host와 guest라는 표현을 사용한다.

landlord tenant

| 집주인, 임대인 | 임차인 |

 landlord는 소유한 부동산을 임대하는 집주인이다. land는 토지, lord는 귀족이나 영주라는 의미다. tenant는 부동산을 임차해 집세를 지불하는 거주자를 말한다.

proponent  opponent

| 지지자 | 반대자 |

 proponent는 제안이나 생각에 찬성하며 추진하는 사람이다. opponent는 제안이나 생각에 반대하며 비판적 입장을 취하는 사람을 말한다.

일상 회화와 비즈니스에 모두 유용한 반의어 조합

big/small이나 long/short 등 반의어는 다양하다. 여기서는 일상 대화뿐 아니라 비즈니스 현장에서도 자주 사용되는 반의어 조합을 모아봤다. 단어를 하나씩 외우는 것보다 반의어를 세트로 기억하면 오래 기억에 남을 뿐 아니라 어휘량도 빠르게 늘릴 수 있다. 반의어는 영어로 antonyms라고 한다. 관심 있는 단어가 있다면 '해당 단어 + antonyms'로 인터넷 검색해보는 것도 좋다.

superior ⇔ subordinate

상사 / **부하**

superior는 '지위가 상위인, 품질이 상급인'이라는 의미다. 상사를 부를 때는 boss라는 캐주얼한 표현이나, manager(관리자), supervisor(감독자) 등의 호칭도 사용된다.

active ⇔ passive

능동적인 / **수동적인**

active는 '적극적인'이라는 의미로, 스스로 적극적으로 행동하는 모습이다. passive는 '수동적인'을 의미하며, 타인의 행동이나 외부 상황에 반응하는 모습을 표현한다.

voluntary ⇔ mandatory

자발적인 / **강제적인**

voluntary는 '자신의 의지에 따라'라는 의미이며, mandatory는 '의무적인, 강제적인'이라는 의미다. 형용사 voluntary의 명사·동사형이 volunteer(자원봉사자)이다.

presence ⇔ absence

출석 / **결석**

presence는 '출석, 존재'를, absence는 '결석, 부재'를 나타내는 명사다. 형용사도 present(존재하는), absent(결석한)이라는 반의어가 된다.

'상태·성질'에 관한 반의어

'상태·성질'에 관한 반의어 중에는 broad/narrow처럼 추상적인 표현에 사용되는 단어도 있다. 그런 의미도 함께 기억해두면 유용하다.

artificial ↔ natural

인공적인	자연적인

artificial은 인간이 만든 '인공적인' 것을 의미한다. AI(인공지능)는 artificial intelligence의 약자다. natural은 자연계에 존재하는 '자연적인' 것이다.

authentic ↔ fake

진정한	가짜의

authentic은 '진품의, 확실한'이라는 의미로 품질과 신뢰성을 강조한다. fake는 '가짜의, 모조의'를 의미하며 신뢰성과 가치가 낮음을 나타낸다.

broad ↔ narrow

넓은	좁은

broad는 '폭넓은, 광범위한', narrow는 '협소한, 제한된'을 의미한다. 둘 다 물리적 너비뿐 아니라 개념이나 시야 등 추상적 표현에도 사용된다.

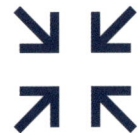

flexible ↔ rigid

유연한	경직된

flexible은 '융통성 있는, 유연한', rigid는 '딱딱한, 융통성 없는'이라는 의미다. 둘 다 사고방식이나 태도 등 추상적 표현에도 적용된다.

인간의 성격이나 행동, 비즈니스 상황에서 자주 사용하는 단어

상태나 성질을 나타내는 형용사는 물리적인 외형 묘사뿐만 아니라, 추상적인 개념이나 비유적인 표현으로도 자주 전용된다. 예를 들어 broad/narrow는 broad knowledge(폭넓은 지식)이나 narrow mindset(편협한 사고방식), flexible/rigid는 flexible thinking(유연한 사고)나 rigid rules(경직된 규칙)처럼 사용될 수 있다. 이러한 단어들은 인간의 성격이나 행동, 비즈니스 전략이나 상황 설명 등의 상황에서도 빈번히 쓰인다.

major ↔ minor

주요한	중요하지 않은

 major는 '주요한, 중요한'을 의미하며, 사물의 중요성이나 규모를 나타낼 때 사용된다. minor는 '중요하지 않은, 사소한'이라는 뜻으로, 영향력이나 우선순위가 낮음을 나타낸다.

permanent ↔ temporary

영구적인	일시적인

 permanent는 '언제까지나 같은 상태를 유지하는, 영속하는'을 의미한다. temporary는 일시적 또는 단기간의 상태를 뜻한다. '펌 또는 파마'는 permanent wave를 말한다.

simple ↔ complex

단순한	복잡한

 simple은 '단순한, 간단한'이라는 형용사다. complex는 '복잡한, 복합의'를 의미하는 형용사로, 우리가 흔히 말하는 '콤플렉스(열등감)'의 영어 표현은 inferiority complex이다.

true ↔ false

진실의	거짓의

 true는 사실에 근거한 것이나 정확성을, false는 잘못된 정보나 의도적인 허위를 의미한다. '어느 쪽이 옳은가?'라는 두 가지 선택 문제에서 true/false가 자주 사용된다.

5-1 반의어로 단숨에 어휘력 향상! ③

'행동·동작'에 관한 반의어

행동·동작과 관련된 다양한 동사의 반의어를 소개한다. 일상 회화뿐만 아니라 비즈니스 상황에서도 자주 쓰이는 단어들이 많으니 함께 기억해두는 것이 좋다.

accept  reject

받아들이다 / 거절하다

accept는 제안이나 아이디어, 조건을 '받아들이다'는 뜻이다. reject는 신청이나 아이디어를 '거절하다'는 의미를 가지며, 둘 다 비즈니스 상황에서 빈번히 사용된다.

advance  retreat

나아가다 / 물러나다

advance는 '나아가다, 전진하다'라는 의미로, 물리적인 전진뿐만 아니라 계획의 진척이나 직위의 승진이라는 의미로도 쓰인다. retreat는 '물러나다, 후퇴하다'를 나타낸다.

allow  prohibit

허락하다 / 금지하다

allow는 '허락하다'는 의미로, 특정 행위를 하는 것을 허용할 때 사용한다. prohibit는 그 반대로, 행동이나 사물을 '금지하다'는 경우에 쓴다.

arrive  depart

도착하다 / 출발하다

arrive는 목적지에 '도착하다', depart는 '출발하다'는 뜻이다. 공항이나 역의 표지에서는 arrival(도착), departure(출발)이라는 명사 형태로 많이 사용된다.

동사 + 전치사도 함께 기억해두자

동사 중에는 자동사로 전치사와 강한 결합을 이루는 단어가 많다. 단어만 외우는 것이 아니라 전치사를 포함한 상태로 암기하면 의미를 더 쉽게 습득할 수 있다. 예를 들어 attach to(~에 부착하다), detach from(~에서 분리하다)처럼 전치사 to, from이 함께 쓰이면 대비되는 의미를 더 쉽게 떠올릴 수 있다. 마찬가지로, arrive는 arrive at(~에 도착하다), depart는 depart from(~에서 출발하다)라는 형태로 실제 회화에서도 자주 사용된다.

attach ↔ detach

부착하다 / 분리하다

attach은 어떤 것을 다른 대상에 '부착하다'는 의미다. detach는 '분리하다'는 뜻으로, 연결이나 연속성을 해제할 때 사용한다.

praise ↔ complain

칭찬하다 / 불평하다

praise는 타인의 장점이나 성과를 칭송할 때, complain은 불만이나 비판을 표현할 때 쓰인다. 명사 prize(상, 경품)와 의미가 비슷하므로 혼동하지 않도록 주의한다.

construct ↔ demolish

건설하다 / 철거하다

construct는 건물이나 시스템을 '건설하다, 조립하다'는 의미로 사용된다. demolish는 '철거하다, 파괴하다'는 뜻으로, 건물 등을 무너뜨릴 때 사용된다.

lead ↔ follow

이끌다 / 따르다

lead는 사람이나 집단을 이끌 때, follow는 타인의 지시나 행동에 따를 때 사용한다. 어미에 -er을 붙여 명사화하면 leader(지도자)와 follower(추종자)가 된다.

'경제' 관련 반의어

여기 소개하는 '경제' 관련 반의어는 모두 자주 사용되는 단어다. 인플레이션(인플레)/디플레이션(디플레)처럼 우리말처럼 쓰이는 단어도 있다.

cause  result

원인 | **결과**

cause는 사건을 일으키는 '원인'이고, result는 그 영향으로 발생하는 '결과'다. 둘 다 명사뿐만 아니라 동사로도 사용된다.

demand  supply

수요 | **공급**

demand는 사람들이 상품이나 서비스를 '요구하는 것'을, supply는 그 상품이나 서비스를 '제공하는 것'을 의미한다. 둘 다 명사뿐 아니라 동사로도 쓰인다.

income expenses

수입 | **지출**

'수입'과 '지출'을 나타내는 반의어다. expenses는 주로 복수형으로 사용되며, 개인이나 기업의 전체적인 지출을 가리킨다. 하지만 특정 지출이나 비용을 말할 때는 단수형으로도 쓰인다.

inflation deflation

인플레이션 | **디플레이션**

inflation은 물가가 상승하여 화폐 가치가 하락하는 상태다. deflation은 물가가 하락하여 화폐 가치가 상승하는 상태를 나타낸다. -flation의 어원은 라틴어 flare(불다, 부풀다)다.

동일한 스펠링으로 명사·동사 모두 가능한 단어들

경제 관련 단어는 주로 명사로 익숙한 단어가 많지만, 명사와 같은 스펠링으로 동사로도 사용할 수 있는 경우가 많다. 예를 들어 명사 cause(원인)/result(결과)는 동일한 스펠링으로 cause(~의 원인이 되다)/result(~의 결과가 되다)처럼 동사로도 쓸 수 있다. 또한 demand(수요)/supply(공급)도 마찬가지로 demand(~을 요구하다)/supply(~을 공급하다)처럼 동사로 사용할 수 있다.

profit ↔ loss

| 이익 | 손실 |

profit은 매출에서 비용을 뺀 '이익'을, loss는 지출이 수입을 초과했을 때의 '손실'을 의미한다. profit은 '이익을 얻다'라는 동사로도 쓰인다.

public ↔ private

| 공공의 | 사적인 |

public은 '공공의, 일반에 공개된' 것을 가리킨다. private은 '사적인' 것으로, 가정이나 개인의 재산 등 타인과 공유되지 않는 것을 의미한다.

quantity ↔ quality

| 양 | 질 |

quantity는 양이나 수를 나타내는 명사다. quality는 질이나 특성을 의미하며, 성능, 내구성, 아름다움 등을 표현할 때 사용된다.

retail ↔ wholesale

 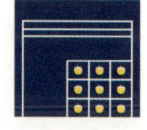

| 소매 | 도매 |

retail은 소비자에게 직접 상품을 판매하는 '소매'를, wholesale은 판매업자 등에게 상품을 파는 '도매'를 뜻한다. 둘 다 명사·동사·형용사·부사로 모두 같은 스펠링으로 사용된다.

PART 5 세트로 외우는 「반의어」

5-1 반의어로 단숨에 어휘력 향상! ⑤

'속도·시간' 관련 반의어

빠르다/느리다를 나타내는 단어는 fast/slow뿐만이 아니다.
'속도·시간' 관련 반의어를 한꺼번에 정리해 익혀두자.

fast ⟷ slow

빠른	느린
fast는 이동이나 동작 속도가 빠르다는 의미로, 재빠른 행동이나 반응을 나타낸다. slow는 동작이나 진행이 느리다는 의미다.	

quick ⟷ sluggish

재빠른	느릿느릿한
quick은 일이 재빨리 진행된다는 의미로, 특히 반응이나 동작이 빠를 때 쓰인다. sluggish는 움직임이 느리고, 굼뜬 모습을 나타낸다.	

prompt ⟷ delayed

신속한	지연된
prompt는 즉각적으로 행동하거나 빠르게 대응한다는 의미로, 시간을 엄수할 때 사용된다. delayed는 예정보다 늦어졌을 때 쓰는 표현이다.	

rapid ⟷ gradual

급속한	점진적인
rapid는 매우 빠르고 급격하게 진행되며, 단기간에 큰 변화가 일어날 때 사용된다. gradual은 조금씩 단계적으로 시간을 두고 진행된다는 의미다.	

상황에 따라 다양한 '빠르다/느리다' 표현을 사용하자

속도나 시간과 관련된 표현은 크게 '속도가 빠르다/느리다'와 '시간이 이르다/늦다' 두 가지로 나뉜다. '속도가 빠르다/느리다'의 경우 비슷한 의미를 가진 여러 단어가 존재한다. fast/slow는 일반적인 동작의 속도를 나타내지만, quick/sluggish는 반응 속도나 태도를 나타낼 때 사용된다. 같은 '신속함'을 의미하는 단어라도 prompt는 시간을 지키는 대응이나 책임감을 포함한다. 상황에 따라 각 단어의 뉘앙스 차이를 잘 구분해서 사용해야 한다.

early ↔ late

이르다	늦다

early는 목적지에 일찍 도착하는 등 예정보다 앞서 행동한다는 의미이다. late는 예정된 시간이나 마감을 넘겼을 때와 같은 지연을 나타낸다.

ahead ↔ behind

앞서 있는	뒤처진

ahead는 어떤 일이 다른 것보다 먼저 진행되고 있는 상태나, 우위에 있는 경우에 사용된다. 반면, behind는 다른 것과 비교했을 때 진행이 늦은 상태를 나타낸다.

recent ↔ outdated

최근의	시대에 뒤떨어진

recent는 '최근의, 새로운 모습'이라는 의미로 최신 트렌드 등에 자주 사용된다. outdated는 현재 기준에서 벗어났거나 시대에 뒤떨어진 것을 의미한다.

punctual ↔ tardy

시간을 엄수하는	지각하는

punctual은 기한이나 약속 시간을 지키는 것을 의미한다. tardy는 시간에 늦거나 기한에 맞추지 못하는 것을 의미한다.

5-1 반의어로 단숨에 어휘력 향상! ⑥

'증감'과 관련된 반의어

'늘리다·줄이다'를 나타내는 단어는 특히 비즈니스 상황에서 사용할 기회가 많다. 유의어를 쌍으로 기억해두면 효율적이다.

increase ⬌ decrease

| 증가하다, 늘리다 | 감소하다, 줄이다 |

increase는 수량이나 규모가 커지는 것을, decrease는 수량이나 규모가 작아지는 것을 의미한다. 둘 다 비즈니스나 통계 데이터에서 자주 사용된다.

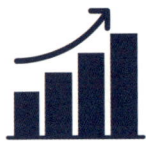 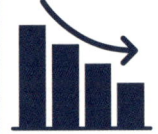

boost ⬌ reduce

| 증가시키다 | 감소시키다 |

boost는 매출이나 성과 향상 등, 의도적으로 수량이나 효과를 높일 때 사용된다. reduce는 비용 절감이나 위험 감소 등, 줄이는 행위를 나타낸다.

expand ⬌ contract

| 확대하다 | 축소하다 |

expand는 공간이나 규모가 넓어지는 것을, contract는 줄어드는 것을 의미한다. 물리적인 것뿐만 아니라 추상적인 아이디어 등에도 사용된다.

enlarge ⬌ shrink

| 확대하다, 크게 하다 | 줄어들다, 감소하다 |

enlarge는 사진 크기 조정 등, 물리적 또는 추상적으로 크게 할 때 사용된다. shrink는 물체가 줄어들거나 규모가 작아지는 것을 의미한다.

두 개의 이미지로 분류해서 기억하자

'늘리다·줄이다'의 뉘앙스를 가진 반의어에는 다양한 단어가 있지만, 크게 '수량'을 '늘리다·줄이다'와 '크기'를 '확대하다·축소하다'라는 두 가지 이미지로 나눌 수 있다. 수량은 increase / decrease나 boost / reduce 등이 있으며, 비즈니스 상황에서 통계 수치화나 효과 측정 등에 자주 사용된다. 한편, 크기는 expand / contract나 enlarge / shrink 등이 있으며, 공간적·물리적인 확장이나 축소를 표현할 때 쓰인다.

amplify ⇔ attenuate

증폭하다, 확대하다 | **약화(감소)시키다**

amplify는 소리나 신호를 증폭한다는 의미로, 음향 장비 등에 자주 사용된다. attenuate는 그것들을 약화시키거나 감소시킬 때 쓴다.

inflate ⇔ deflate

부풀리다, 증가하다 | **수축시키다, 축소하다**

inflate는 물리적으로 부풀릴 때나 물가가 오를 때 사용되며, deflate는 공기를 빼서 줄이거나 가격이 내릴 때 쓰인다.

improve ⇔ worsen

개선하다 | **악화시키다**

improve는 품질 향상이나 스킬 업 등 상태가 좋아지는 것을 의미하며, worsen은 문제가 심각해지거나 건강 상태가 나빠질 때 사용된다.

multiply ⇔ divide

늘다, 곱하다 | **나누다, (수학) 나누기**

multiply는 수치가 '늘어나다'는 의미 외에도 수학적인 곱셈을 의미한다. divide는 자원 등을 분할한다는 의미뿐 아니라 (수학의) '나눗셈'을 의미하기도 한다.

PART 5 세트로 외우는 '반의어'

5-1 반의어로 단숨에 어휘력 향상! ⑦

'상하'와 관련된 반의어

'올리다·내리다'의 반의어는 추상적인 것을 표현할 때도 사용된다. 미묘한 뉘앙스 차이를 정확히 이해하고 바르게 구분해서 사용하자.

rise  fall

 오르다 | 내리다

rise는 물체나 위치가 상승할 때, fall은 물체나 위치가 하강할 때 사용된다. 경제 상황이나 기온 등을 표현할 때 자주 쓰인다.

raise  drop

 올리다 | 떨어뜨리다, 내려가다

raise는 물체를 위로 움직이거나 수치를 올릴 때 사용한다. drop은 무언가를 의도적으로 떨어뜨리거나 자연스럽게 내려갈 때 쓰인다. raise의 반의어로는 'lower(내리다)'도 있다.

ascend  descend

 상승하다, 올라가다 | 내려오다

ascend는 위쪽으로 이동하거나 높은 곳으로 올라갈 때 사용된다. descend는 위에서 아래로 이동하거나 내려온다는 의미가 있다.

grow  decline

 성장하다 | 쇠퇴하다

grow는 증가하거나 성장하는 것을, decline은 감소하거나 쇠퇴하는 것을 의미한다. 경제 상황이나 건강 상태 등을 표현할 때 자주 사용된다.

추상적인 개념과 감정의 기복에도 사용되는 표현

상승과 하강을 나타내는 동사는 물리적인 움직임뿐만 아니라 추상적인 개념이나 감정의 기복을 표현할 때도 사용된다. 예를 들어 elevate / depress는 기분 등을 표현할 때 사용되며, 'elevate the mind(기분을 고양시키다)'나 'depresses me(나를 우울하게 만들다)'와 같은 표현이 가능하다. climb / slide는 성공이나 어려움을 나타내며, 'climb the corporate ladder(출세의 사다리를 오르다)'나 'profits slide(이익이 추락하다)'와 같이 표현할 수 있다.

elevate ↔ depress

| 올리다, 향상시키다 | 낮추다, 우울하게 만들다 |

elevate는 물건을 올리거나 상황이나 지위를 향상시킬 때 사용한다. depress는 물건을 내리거나 사람을 우울하게 만드는 의미도 있다.

climb ↔ slide

| 오르다, 상승하다 | 미끄러지다, 추락하다 |

climb은 높은 곳에 오르거나 수치나 지위가 상승하는 것을 의미한다. slide는 부드럽게 하강하는 움직임을 나타내며, 바닥이나 표면을 미끄러져 내려갈 때 사용된다.

leap ↔ tumble

| 도약하다, 급성장하다 | 추락하다, 급감하다 |

leap은 급격히 상승하거나 크게 도약·성장하는 것을 의미한다. tumble은 추락하거나 급격히 하락할 때 사용된다.

spring ↔ sink

| 튀어오르다, 급등하다 | 가라앉다, 급락하다 |

spring은 스프링이 튀는 이미지로, 튀듯이 급상승하는 것을 의미한다. 반면 sink는 아래로 가라앉거나 갑자기 하락히는 것을 나타낸다.

플러스 α 영어와 우리가 흔히 쓰는 말에는 차이가 있다!?

우리말에도 영어에서 유래한 단어가 많이 있다.
하지만 일상적으로 사용하는 말이 그대로의 의미로
영어 사용자에게 통하지 않는 경우가 많다.

complex와 콤플렉스의 차이

영어의 'complex'와 우리가 흔히 사용하는 '콤플렉스'에는 뜻 차이가 있다. 영어의 <u>complex는 '복잡한'이나 '복합의'라는 의미로 사용되며</u>, 무엇인가가 많은 요소로 이루어진 상태를 나타낸다. 이 단어는 단순히 사실을 기술하는 중립적인 표현으로 쓰인다. 예를 들어, The human brain is complex.(인간의 뇌는 복잡하다)라는 문장은 문맥에 따라 긍정적이거나 부정적으로 해석될 수 있는 중립적인 표현이다. 반면 우리가 흔히 쓰는 말 <u>'콤플렉스'는 일반적으로 '열등감'이라는 부정적인 의미로 사용된다.</u>

이는 심리학 전문 용어인 'inferiority complex(열등감)'의 영향 때문이다. inferiority는 '열등함'이나 '뒤떨어짐'을 의미하며, complex는 '복잡한 감정'을 가리킨다. 이 둘을 합친 'inferiority complex'는 '열등감을 품은 복잡한 감정(=열등감)'이라는 의미이며, 이것이 우리말에 도입될 때 complex만이 '콤플렉스'로 남게 된 것으로 보인다. 그 결과 '콤플렉스'가 단독으로 '열등감'을 의미하게 되었고, 영어의 complex와는 약간 다른 의미로 사용되고 있다.

complex와 콤플렉스

complex

'복잡한', '복합의' 등의 의미로 사용된다.

콤플렉스

주로 '열등감'의 의미로 사용된다.

재능이 있는 사람이 '탤런트'!?

영어와 우리말의 의미 차이는 다른 단어에서도 발견된다. 그 중 하나가 talent(탤런트)이다.

<u>영어의 talent는 원래 '재능'이나 '소질'을 의미한다</u>. 예를 들어, "She has a great talent for music."(그녀는 음악에 뛰어난 재능이 있다)와 같이 사용되며, 특정 분야에서의 우수한 능력을 가리킨다.

반면 우리가 흔히 쓰는 말 <u>'탤런트'는 주로 TV나 라디오에 출연하는 연예인을 지칭한다</u>. 이 용법은 우리말에 독자적인 해석으로 정착된 것으로, 영어의 talent와는 상당히 동떨어진 의미로 쓰이고 있다.

우리말의 탤런트(연예인)는 영어로는 TV personality나 celebrity로 표현된다. 이러한 언어적 차이 때문에 '탤런트'를 그대로 영어로 talent라고 하면 오해를 살 수 있다.

talent와 탤런트 비교

talent

재능이나 소질을 의미하는 단어

탤런트

주로 TV/라디오에 출연하는 연예인을 지칭하는 단어

영어와 우리말의 다른 차이 사례

영어와 한국어식 표현 간의 의미 차이는 다른 단어들에서도 자주 발견된다. 'handle' 역시 그 예 중 하나다. 한국에서 '핸들'이라고 하면 보통 차 운전대를 뜻한다. 하지만 <u>영어에서 handle은 문 손잡이, 컵 손잡이, 가방 손잡이 또는 '다루다, 처리하다'는 동사로 쓰이는 더 넓은 개념의 단어이다</u>. 실제로 자동차 운전대는 영어로 steering wheel이라고 한다. 이 '핸들'처럼 자주 쓰는 단어라 하더라도 영어 원뜻과는 의미가 전혀 다를 수 있으니, 정확히 구분해서 쓰는 것이 중요하다.

5-2 접두사로 반의어 만들기 ①

in-을 사용한 반의어

in-은 부정을 나타내는 접두사 중 하나이다. 쉽게 의미를 추측할 수 있기 때문에, 반의어를 세트로 기억하면 어휘력을 빠르게 늘릴 수 있다.

accurate ↔ inaccurate

정확한 | **부정확한**

accurate는 사실이나 수치가 정확하다는 의미이다. inaccurate는 오류나 부정확함을 의미하며, 정보 등이 신뢰할 수 없을 때 사용된다.

active ↔ inactive

활동적인 | **활동하지 않는**

active는 사람이나 사물이 활발히 움직이거나 기능하는 '활동적인' 상태이다. inactive는 움직임이 없거나 중지된 '활동하지 않는' 상태를 나타낸다.

dependent ↔ independent

의존하는 | **독립적인**

dependent는 무언가에 '의존하는' 상태이다. independent는 '독립적인' 상태를 가리킨다. 둘 다 형용사이며, 어원이 되는 동사는 depend(의지하다, 의존하다)이다.

effective ↔ ineffective

효과적인 | **효과가 없는**

effective는 목적에 대해 효과가 있는 상태를, ineffective는 효과가 없는 상태를 나타낸다. 비슷한 형용사 반의어로 efficient(효율적인) / inefficient(비효율적인)이 있다.

접두사 in-의 두 가지 의미에 주의하자

접두사 in-이 붙으면 active(활동적인) / inactive(활동하지 않는)처럼 부정의 의미를 나타낼 수 있다. 하지만 in-은 indoor(실내의), include(포함하다) 등 '내부'를 의미하는 접두사로도 쓰이므로, 의미를 혼동하지 않도록 주의해야 한다. 또한 in-은 원래 단어의 첫 글자에 따라 발음의 조화를 맞추기 위해 im-, il-, ir- 등으로 형태가 바뀔 수 있다(예: impossible, illegal, irregular).

formal  informal

공식적인 | **비공식적인**

 formal은 복장이나 행동 등이 공식적이라는 의미이다. informal은 비공식적이고 편안한 상황을 나타낸다. casual(캐주얼한, 격식 없는)도 비슷한 의미로 쓰인다.

expensive  inexpensive

고가의 | **저렴한**

 expensive는 가격이 높고 품질이나 가치가 우수함을 의미한다. Inexpensive는 합리적인 가격에 질 좋은 제품을 표현할 때 주로 사용된다. 품질이 낮음을 나타내는 cheap(싸구려)와 뉘앙스 차이가 있다.

sufficient insufficient

충분한 | **불충분한**

 sufficient는 필요한 양이나 조건이 충족된 상태이다. insufficient는 필요한 것이 부족한 상태를 의미하며, 특히 자원이나 시간을 평가할 때 자주 쓰인다.

visible invisible

보이는 | **보이지 않는**

 visible은 '눈에 보이는'이라는 뜻이고, invisible은 '보이지 않는, 눈에 띄지 않는'이라는 의미이다. 실제 시각적인 것뿐 아니라 추상적인 표현에도 사용할 수 있다.

5-2 접두사로 반의어 만들기 ②

un-을 사용한 반의어

un-은 앞서 설명한 in-과 마찬가지로 부정을 나타내는 접두사 중 하나이다. 긴 단어는 특히 어원을 의식하면서 암기하면 효과적이다.

available ↔ unavailable

이용 가능한 | **이용 불가능한**

available은 물건이나 사람이 '이용 가능한, 구할 수 있는'이라는 의미이다. unavailable은 '이용할 수 없는, 구할 수 없는'이라는 부정의 의미를 나타낸다.

believable ↔ unbelievable

믿을 수 있는 | **믿을 수 없는**

believable은 '믿을 수 있는, 그럴 듯한'이라는 의미이다. unbelievable은 '믿을 수 없는, 놀라운'을 의미하며, 긍정적 또는 부정적 상황 모두에서 사용될 수 있다.

certain ↔ uncertain

확신하는 | **불확실한**

certain은 '확신하는, 확실한'을 의미한다. uncertain은 '불확실한, 확신이 없는'의 의미를 가진다. 부사 형태인 Certainly(물론)는 한 마디의 맞장구로 자주 쓰인다.

clear ↔ unclear

명확한 | **불명확한**

clear는 '명확한, 뚜렷한'을 의미하며, "The sky is clear today." (오늘은 하늘이 맑다)와 같이 날씨를 표현할 때도 사용된다. unclear은 '불명확한' 상태를 의미한다.

unbelievable을 분해해 보면…

접두사 un-은 뒤에 오는 단어의 성질을 부정하는 역할을 한다. believable(믿을 수 있는)과 unbelievable(믿을 수 없는)은 어원 구성이 명확해서 기억하기 쉽다. believe(믿다)에 형용사 접미사 -able(~할 수 있는)을 결합하면 '믿을 수 있는'이 되고, 여기에 부정 접두사 un-을 붙이면 '믿을 수 없는'이라는 의미가 된다. 긴 철자의 단어도 이렇게 분해하면 이해하기 쉬울 것이다.

familiar unfamiliar

| 익숙한 | 낯선 |

 familiar는 '익숙한, 잘 알고 있는'을 의미하며, unfamiliar는 '낯선, 알지 못하는'을 의미한다. familiar는 'be familiar with~' 형태로 자주 사용된다.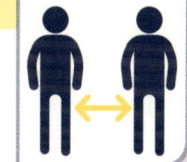

important unimportant

| 중요한 | 중요하지 않은 |

 important는 '중요한, 가치 있는'이라는 의미로 우선순위가 높은 일에 사용한다. unimportant는 '중요하지 않은, 사소한'을 의미한다.

likely unlikely

| 있을 법한 | 있을 법하지 않은 |

 likely는 '있을 법한, 가능성이 높은'을, unlikely는 '있을 법하지 않은, 가능성이 낮은'을 의미한다. -ly로 끝나서 부사로 오해하기 쉽지만, 둘 다 형용사이다.

necessary  unnecessary

| 필요한 | 불필요한 |

 necessary는 '필요한, 필수적인'이라는 의미로 어떤 것이 반드시 필요함을 나타낸다. unnecessary는 '불필요한, 쓸데없는'을 의미한다.

dis-을 사용한 반의어

접두사 dis-를 사용하면 원래 단어에 부정이나 반대, 분리의 의미가 추가된다.
dis-가 사용된 대표적인 단어들을 소개한다.

agree  disagree

동의하다 | **동의하지 않다**

agree는 타인의 의견이나 제안에 찬성하는 것을, disagree는 이의를 제기하는 것을 의미한다. 둘 다 자동사로 사용되는 것이 일반적이며, 'agree with ~'처럼 전치사를 취한다.

appear  disappear

나타나다 | **사라지다**

appear는 '모습을 나타내다'의 의미이다. disappear는 '모습을 감추다'는 의미로, "The sun disappears." (태양이 사라진다)와 같이 자연 현상에도 자주 사용된다.

assemble  disassemble

조립하다 | **분해하다**

assemble은 부품을 모아 '조립하다'는 의미이다. disassemble은 '분해하다, 떼어내다'로, break(부수다)가 아닌 조립된 것을 분해하는 것을 의미한다.

comfort discomfort

편안함 | **불편함**

comfort는 '쾌적함'이나 '안정감'을 나타내며, 물리적·정신적 측면 모두에 사용할 수 있다. discomfort는 '불편함'이나 '불안정한 상태'를 나타낸다.

원래 단어의 뜻을 알면 반의어 뜻도 쉽게 이해된다

접두사 dis-에는 '부정', '반대', '분리'의 의미가 있다. 이를 사용하면 원래 단어의 의미를 반대로 만들거나, 분리·제외를 나타낼 수 있다. 예를 들어 assemble(조립하다)에 dis-를 붙이면 disassemble(분해하다), connect(연결하다)에 dis-를 붙이면 disconnect(연결을 끊다, 분리하다)라는 의미로 바뀐다. 이처럼 원래 단어의 의미를 알면, dis-가 붙은 반의어의 의미도 쉽게 추측할 수 있다.

connect  disconnect

연결하다 | **연결을 끊다**

 connect는 사물이나 인간관계를 이어주는(연결하는) 것을, disconnect는 연결을 해제하는 것을 의미한다. 둘 다 특히 인터넷이나 전화 연결 등에서 자주 사용된다.

continue  discontinue

계속하다 | **중단하다**

 continue는 행동이나 활동을 지속하는 것을, discontinue는 의도적으로 중단하는 것을 의미한다. 'Discontinued product'(생산 중단 제품)과 같은 표현이 자주 보인다.

honest ⇄ dishonest

정직한 | **부정직한**

 honest는 '정직한, 성실한'이라는 긍정적인 형용사이다. dishonest는 '거짓말을 하는, 불성실한'이라는 의미이다. honest의 첫 글자 'h'는 발음하지 않는다는 점에 유의하자.

like ⇄ dislike

좋아하다 | **싫어하다**

 호의적인 감정이나 혐오감을 나타내는 반의어 쌍이다. 캐주얼한 상황에서는 hate(미워하다)를 사용할 수도 있지만, dislike는 더 공식적이고 약간 부드럽게 전달할 때 적합하다.

5-2 접두사로 반의어 만들기 ④

in- / ex- / out-을 활용한 반의어

접두사 in-, ex-, out-을 사용한 반의어를 소개한다. 앞에서는 in-이 부정을 나타내는 접두사로 소개되었지만, '내부'라는 의미의 접두사이기도 하다.

include ⇔ exclude

포함하다 | **제외하다**

include는 전체가 일부를 '포함하다, 내포하다'는 의미이다. exclude는 무언가를 의도적으로 '제외하다, 배제하다'는 의미이다.

import ⇔ export

수입하다 | **수출하다**

import는 다른 나라에서 상품이나 기술을 도입한다는 의미이고, export는 자국에서 다른 나라로 내보낸다는 의미이다. 접두사는 in-이 아닌 im-이므로 주의해야 한다.

inject ⇔ eject

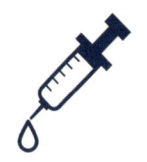
주입하다 | **배출하다**

inject는 액체나 기체를 물체나 체내에 주입한다는 의미로, 의료나 제조 분야에서 자주 사용된다. eject는 물체를 외부로 배출한다는 의미이다.

inhale ⇔ exhale

들이마시다 | **내쉬다**
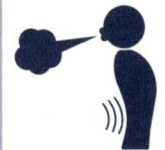

inhale은 공기나 가스를 들이마시는 것을, exhale은 들이마신 것을 내쉬는 것을 의미한다. 둘 다 호흡 상태를 표현할 때 사용된다.

접두사의 철자가 변하는 경우도 있다

접두사 in-과 ex-(out-)은 각각 '내부'와 '외부'를 의미한다. import(수입하다)/export(수출하다)나 input(입력)/output(출력)처럼 그 이미지는 비교적 이해하기 쉽다. 하지만 발음 규칙의 영향으로, import처럼 접두사가 in-에서 im-으로 변하는 경우나, eject나 emigrate처럼 ex-가 e-로 축약되는 경우가 있다. 철자는 불규칙적이지만, 접두사로서의 역할은 동일하다.

immigrate ↔ emigrate

(타국에서) 이주하다	(타국으로) 이주하다

immigrate는 타국에서 이주할 때, emigrate는 자국을 떠나 타국으로 이주할 때 사용된다. 포괄적인 '이주'라는 의미에서는 immigrate가 쓰인다.

input ↔ output

입력	출력

input은 데이터나 정보를 시스템에 입력하는 것을, output은 입력된 정보를 출력하는 것을 의미한다. 둘 다 컴퓨터 조작에서 자주 사용된다.

indoor ↔ outdoor

실내의	야외의

indoor는 '실내의, 건물 안의'라는 형용사이며, 명사로는 '실내, 건물 안'이라는 뜻이다. outdoor는 '야외의, 옥외의'라는 의미이다.

inbound ↔ outbound

들어오는(내향적인)	나가는(외향적인)

inbound는 내향적이며, 특히 물건이나 사람이 밖에서 안으로 들어오는 것을 의미한다. outbound는 외향적이며, 안에서 밖으로 나가는 것을 의미한다.

5-3 접미사로 반대말 만들기

-ful / -less를 사용한 반대말

-ful과 -less는 단어의 끝에 붙는 접미사다. ful(~가 가득한)과 -less(~가 부족한)라는 가득함과 부족함의 관계를 쌍으로 기억해두자.

careful ↔ careless

| 주의 깊은 | 부주의한 |

careful은 '주의 깊은, 신중한'이라는 의미의 형용사다. careless는 '부주의한, 경솔한, 덜렁대는'이라는 의미가 있다.

helpful ↔ helpless

| 도움이 되는 | 무력한 |

helpful은 사람의 조언이나 행동, 도구나 서비스 등이 다른 사람에게 도움이 될 때 사용된다. helpless는 '무력한, 도움이 필요한' 상태를 의미한다.

hopeful ↔ hopeless

| 희망에 찬 | 희망이 없는 |

hopeful은 '희망에 가득 차 있는' 상태로, 미래에 대해 낙관적인 마음을 나타낸다. hopeless는 '희망이 없는, 어쩔 수 없는'이라는 부정적인 의미로 사용된다.

joyful ↔ joyless

| 기쁨에 찬 | 기쁨이 없는 |

joyful은 행복감이나 만족감으로 가득 찬 긍정적인 마음을 표현한다. joyless는 기쁨이 결여된 것을 의미하며, 인생이나 상황에 대해 가라앉은 기분이나 무기력감을 나타낸다.

접미사로 구분하는 가득함과 부족함의 관계

-ful이나 -less 등의 접미사로도 반대말 쌍이 되는 단어가 많다. -ful은 형용사를 만드는 접미사로, '~에 가득한'이라는 뉘앙스를 준다. hope(바라다) + ful로 hopeful(희망에 찬) 등은 이미지화하기 쉬울 것이다. 한편, -less를 붙이면 '~이 부족한'이라는 뉘앙스가 더해져 부정의 의미가 되어, hopeless(절망적인)나 skillless(무능한) 같은 단어를 만들 수 있다.

meaningful  meaningless

 의미 있는 | 무의미한

meaningful은 '의미 있는, 의미 있는'이라는 의미의 형용사다. meaningless는 어떤 가치도 없거나 목적이 없는 것을 나타낸다.

skillful  unskilled

 숙련된 | 숙련되지 않은

skillful은 기술이나 능력이 뛰어나다는 의미다. skillless는 기술이나 능력이 부족한 상태를 나타낸다. unskilled도 일반적으로 사용된다.

thoughtful  thoughtless

 사려 깊은 | 경솔한

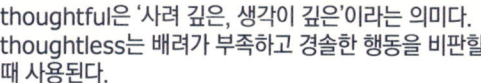

thoughtful은 '사려 깊은, 생각이 깊은'이라는 의미다. thoughtless는 배려가 부족하고 경솔한 행동을 비판할 때 사용된다.

useful useless

 유용한 | 쓸모없는

useful은 '실용적이고 유용한, 쓸모 있는, 유익한'이라는 의미다. useless는 '쓸모없음, 도움이 되지 않는'이라는 의미로, 부정적인 상황에서 사용된다.

플러스 α

don't like와 dislike는 어떻게 다를까?

don't like와 dislike는 둘 다 '좋아하지 않는다'는 의미를 가진다.
하지만 그 뉘앙스는 미묘하게 다르다. '가지고 있지 않다'를 나타내는
don't have~와 have no~의 경우도 비슷하다.

don't like는 '싫어한다'와 같을까?

앞쪽 183페이지에서 like(좋아하다)/dislike(싫어하다)를 소개했지만, "don't like와 dislike는 어떻게 다른 거지?"라고 궁금해 하는 사람도 있을 것이다. don't like와 dislike는 둘 다 '좋아하지 않는다'는 의미를 가지지만, 뉘앙스나 사용 상황에는 미묘한 차이가 있다.

<u>don't like는 '선호하지 않는다'는 가벼운 부정을 나타낸다.</u> 흥미나 호의를 가지고 있지 않음을 전하는, 캐주얼하고 부드러운 표현이다. 예를 들어, I don't like loud music.(큰 소리의 음악은 좋아하지 않는다)처럼, 일상 대화에서는 이 표현이 더 자주 사용된다.

반면, <u>dislike는 '싫어한다'거나 '혐오감을 품고 있다'는 뉘앙스가 포함되므로, 부정의 정도가 강하다.</u> 형식적인 글이나 의견을 분명히 밝히고 싶을 때 사용되는 경향이 있다. 예를 들어, I dislike spiders.(나는 거미를 싫어한다)처럼 사용한다. 글로 쓸 때 더 많이 사용되며, 대화에서 사용하면 다소 딱딱한 느낌을 줄 수 있다.

don't like와 dislike

don't like
'그다지 좋아하진 않는다'는 가벼운 부정. 흥미나 호의를 가지고 있지 않음을 전하는, 캐주얼하고 부드러운 표현.
예······ *I don't like loud music.* (시끄러운 음악은 그렇게 좋아하진 않는다)

dislike
'싫어한다, 혐오감을 품고 있다'는 뉘앙스가 포함되므로, 부정의 정도가 강함.
예······ *I dislike spiders.* (나는 거미를 싫어한다)

더 강한 혐오감을 나타내는 표현으로 hate가 있다. 이는 '완전히 싫어하다, 질렸다'는 의미를 강조한 단어다.

don't have~와 have no~

마찬가지로, I don't have money.와 I have no money.라는 두 가지 동의어 표현이 있지만, 이들도 뉘앙스 차이가 있다. I don't have money.는 <u>'지금 돈이 없다'</u>거나 <u>'그것에 쓸 돈이 없다'는 뉘앙스를 가진다</u>. 예를 들어, I don't have money for a new smartphone.(새 스마트폰을 살 돈이 없다)처럼, 부정의 의미가 있지만 그다지 강한 인상은 없다. 이 표현은 일상 대화에서 자주 사용되며, 특히 일시적인 상황을 설명할 때 유용하다.

반면, I have no money는 <u>'전혀 돈이 없다'는 의미를 강조한다</u>. 예를 들어, I have no money to buy lunch.(점심을 살 돈이 전혀 없다)처럼 사용한다. 이 표현은 직접적이고 직설적인 부정을 전하며, 감정적인 어감이 강해 경우에 따라 상황의 심각성을 전달하는 데 적합하다.

마찬가지로, I don't have time.은 '시간이 없다'는 일반적인 부정을, I have no time.은 '전혀 시간이 없다, 시간적으로 여유가 없다'는 더 강한 부정을 나타낸다.

이러한 표현을 올바르게 이해하고 구분해 사용하면, 영어로 의사소통할 때 더 원활해질 것이다.

don't have와 have no

don't have
'지금 ~를 가지고 있지 않다', '그것에 쓸 ~가 없다'는 뉘앙스. 부정의 의미가 있지만 그다지 강하진 않음.

예…… *I don't have money for a new smartphone.*
(새 스마트폰을 살 돈이 없다)

have no
'전혀 ~가 없다'는 의미를 강조. 직접적이고 직설적인 부정을 전하며, 감정적인 어감이 강함.

예…… *I have no money to buy lunch.* (점심을 살 돈이 전혀 없다)

5-4 전치사+명사의 반대말

in / out of를 사용한 반대말 표현

전치사 in / out of를 사용한 반대말을 소개한다. 모두 명사 앞에 in / out of를 넣음으로써, 안/밖의 뉘앙스가 더해진다.

in stock ⇔ out of stock

재고가 있는 / 재고가 없는

in stock은 상품의 재고가 창고나 매장에 있는 상태, out of stock은 재고 소진이나 품절 상태를 나타낸다. 매장이나 온라인 쇼핑, 물류 업계에서 자주 쓰이는 표현이다.

in use ⇔ out of use

사용 중인 / 사용하지 않는

in use는 기기나 설비 등이 현재 사용되고 있는 상태, out of use는 사용되지 않거나 사용 불가능한 상태를 나타낸다. 건물이나 시설에 대해서도 사용된다.

in control ⇔ out of control

통제하고 있는 / 통제 불능의

in control은 상황이나 사물이 제대로 관리되고 있는 상태, out of control은 관리 불가능한 상태를 가리킨다. 긴급 상황이나 감정 조절이 필요할 때 사용된다.

in order ⇔ out of order

정상적인 / 고장난

in order는 기계나 설비가 정상적으로 작동하고 있음을, out of order는 고장이나 문제가 있음을 나타낸다. 엘리베이터 상태를 표시할 때 등에 사용된다.

안/밖의 뉘앙스로 이루어진 반의어

in(~안에)은 단순한 전치사지만, out of(~밖에)는 '군전치사'라고 불리며 여러 단어가 하나의 전치사로 취급된다. 이 in과 out of의 '안/밖'이라는 뉘앙스로 인해, in stock(재고 있음)/out of stock(재고 없음) 같은 '물건의 유무'나, in control(통제 중)/out of control(통제 불능) 같은 '통제 상태' 등을 반의어 관계로 나타낼 수 있다.

in service  out of service

| 운행 중인 | 고장난 |

 in service는 기차나 버스 등이 운행 중이거나 기계가 가동 중임을, out of service는 운행 정지 중이거나 고장 중임을 나타낸다.

in fashion out of fashion

| 유행하는 | 유행이 지난 |

 in fashion은 '유행하고 있다'는 뜻. out of fashion은 '유행이 지났다. 시대에 뒤떨어졌다'는 의미로, 패션 업계나 트렌드를 말할 때 사용된다.

in shape out of shape

| 컨디션이 좋은 | 컨디션이 나쁜 |

 in shape는 몸 상태가 좋고 건강하다는 의미로, out of shape는 컨디션이 나쁘거나 물리적으로 형태가 일그러져 있다는 뜻이다.

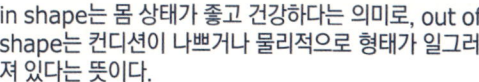

in season out of season

| 제철의 | 철 지난 |

 in season은 식재료나 과일, 혹은 여행지 등이 그 시기에 가장 적합함을 의미하며, out of season은 제철이 아님, 시기를 놓쳤음을 나타낸다.

마크식 영어 습득의 비결 ⑤

영어회화 수업 효과를 크게 높이는 비법

복습 → 예습 → 수업 순서로 접근하기

온라인 영어회화나 AI 회화 앱 등으로 회화 연습을 하는 사람도 많을 텐데, 여기서는 영어 코치로서 학생들에게 추천하는 영어회화 수업 활용법을 소개한다. 그 방법은 바로, 한 단원을 공부할 때 '복습 → 예습 → 수업'이라는 흐름을 하나의 사이클로 잡는 것이다. 우리가 초·중학교에서 배웠던 '예습 → 수업 → 복습' 방식은 단원의 내용을 이해하는 데에는 도움이 되지만, 그 내용을 다음 회화로 자연스럽게 이어가기에는 부족하다.

영어회화에서는 배운 내용을 다음에 활용하는 것이 무엇보다 중요하다. 그래서 수업을 받은 뒤에는 가장 먼저 복습을 해야 한다. 물론 배운 내용을 다시 훑어보는 것도 중요하지만, 그보다 더 중요한 것은 '말하고 싶었지만 말하지 못한 단어나 표현'을 수업 중에 우리말로 메모해두는 것이다. 그리고 수업이 끝난 후에는 "그걸 영어로는 어떻게 말하면 됐을까?"를 스스로 조사해서 "아, 이렇게 말하면 됐던 거구나!"라고 스스로 납득하는 상태로 만들어야 한다.

다음 단계는 예습이다. 여기서 말하는 예습은 다음 수업의 내용을 미리 공부하는 것이 아니다. 오히려 그렇게 하면 준비한 내용에만 의존하게 되어 실전에서 필요한 순발력과 반응력이 길러지지 않는다. 더 중요한 것은, 이전 복습에서 찾아본 '말하고 싶었지만 말하지 못했던 표현들'을 실제로 말할 수 있도록 준비하는 것이다. 즉, 표현을 조사하고, 문장을 만들고, 소리 내어 읽고, 반복적으로 연습해서 아무것도 보지 않고도 자연스럽게 말할 수 있도록 만들어야 한다.

그리고 다음 수업에서는 그 단어나 표현을 실제로 사용할 기회를 스스로 만들어야 한다. 수업 중 단 한 번이라도 직접 말해보면, 그 단어나 표현은 자신의 언어로 자리 잡게 된다. 우선 한 단어라도, 한 표현이라도 좋으니 '말하고 싶었는데 말하지 못했던 것'을 말할 수 있도록, 이 방법을 실천해보길 바란다.

PART 6

토익에서 자주 출제되는 단어

동의어나 다의어, 철자가 비슷해
혼동하기 쉬운 단어 등 토익 시험에서
자주 출제되는 단어들을 모았다.
토익 대비에는 시험에 자주 나오는 단어와 표현을
중점적으로 학습하는 것이 효과적이다.

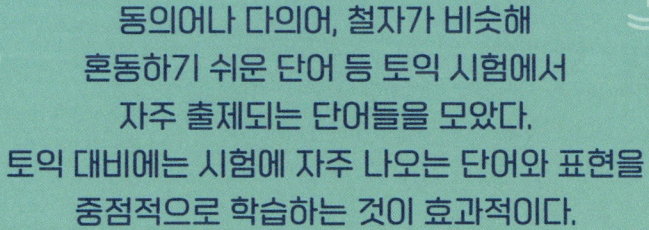

6-1 비즈니스 현장에서 자주 사용되는 격식 있는 단어 ①

격식 있는 **동사** ①

격식 있는 영어 표현은 토익에서도 빈출하며, 이메일이나 회의, 프레젠테이션 등 비즈니스 현장에서도 자주 사용된다. 비격식적 표현과 적절히 구분해서 사용하자.

answer

| 대답하다 | 응답하다 |

answer는 구체적인 질문이나 전화 등의 답변에 사용되며, respond는 공식적인 자리에서의 응답이나 상대방의 요청에 대한 신속한 대답에 사용된다.

ask

| 부탁하다 | 요청하다 |

ask는 친구에게 부탁할 때 등에 사용되며, request는 중요한 요청 내용이나 공식적인 부탁, 신청 등에 자주 사용된다.

buy

| 사다 | 구매하다 |

buy는 일상 대화에서 자주 사용되는 표현이며, purchase는 비즈니스나 계약서 등 공식적인 문서에서 주로 사용된다.

cheer

| 응원하다 | 격려하다 |

cheer는 응원하거나 함성을 지르는 행위를 말하며, encourage는 어려움에 직면한 사람에게 용기를 주는 등 정신적 지지나 장기적인 격려를 의미한다.

'formal'이라는 말은 어떤 뜻일까?

'포멀'이라고 하면 보통 경조사나 중요한 공식 모임에서의 복장이나 예절을 떠올리기 쉽다. 하지만 영어의 'formal'은 그보다 넓은 의미로, 문서나 절차, 공식적인 커뮤니케이션에도 쓰인다. 여기서 소개하는 '격식 있는 단어(formal)'는 딱딱하고 엄숙한 상황뿐 아니라, 일상적인 비즈니스나 이메일에서도 자주 사용된다. 평소 쓰는 편한 말(informal)과 함께 익혀두면, 공식적인 상황에서 더 세련되고 신뢰감 주는 표현으로 바꿔 쓸 수 있다.

informal (비격식적 표현) | formal (격식적 표현)

check  **verify**

확인하다 | 검증하다

check는 확인이나 점검을 의미하며 일상적인 간단한 확인 작업에 사용된다.
verify는 공식적인 문헌이나 데이터의 정확성을 확인할 때 사용된다.

end  **terminate**

끝내다 | 종료하다

end는 활동의 종결 등 일상적으로 널리 사용된다.
terminate는 계약이나 고용의 종결 등, 더 공식적이고 법적인 문서에서 자주 사용된다.

get  **receive**

얻다 | 수령하다

get은 넓은 의미로 무언가를 받거나 손에 넣을 때,
receive는 더 구체적으로 타인으로부터 무언가를 부여받을 때 사용된다.

give **provide**

주다 | 제공하다

give는 무언가를 상대방에게 주는 일반적인 표현이다.
provide는 특히 상대방을 위해 필요한 물건이나 서비스를 제공할 때 사용된다.

6-1 비즈니스 현장에서 자주 사용되는 격식 있는 단어 ②

격식 있는 동사 ②

동사에는 자동사·타동사의 어느 한 쪽으로밖에 사용할 수 없는 것과, 자동사·타동사 양쪽으로 사용할 수 있는 것이 있다는 점에 주의해야 한다.

informal (비격식적 표현)   **formal (격식적 표현)**

go ➡ depart

| 가다 | 출발하다 |

go는 '가다'를 의미하며, 일상 대화에서 자주 사용된다.
depart는 '출발하다'라는 뜻으로, 보다 공식적인 문맥이나 교통수단 등에서 사용된다.

help ➡ assist

| 도와주다 | 지원하다 |

help는 도와주다, 손을 보탠다는 의미로 캐주얼한 상황에서 사용된다.
assist는 특히 비즈니스나 의료 등 전문적인 지원을 나타낼 때 사용된다.

need ➡ require

| 필요하다 | 요구하다 |

need는 '필요하다'는 의미로, 일상적으로 폭넓게 사용된다.
require는 법적, 기술적 조건이나 공식적인 요건이 요구될 때 사용된다.

tell ➡ inform

| 말하다 | 통지하다 |

tell은 일상적인 회화에서 폭넓게 사용된다.
inform은 정보를 공식적으로 알린다는 의미로, 중요한 보고 등 정확성이 요구될 때 사용된다.

뉘앙스나 강조의 차이에 주목

여기서 소개한 동사들 중에는 격식 / 비격식의 차이뿐만 아니라, 뉘앙스나 강조의 차이도 포함되는 경우가 있다. 예를 들어 go는 단순한 이동을 나타내지만, depart는 계획적이고 의도적인 출발이라는 뉘앙스가 있다. help는 폭넓은 지원을 나타내는 반면, assist는 전문성이나 구체성을 동반한다. need는 주관적인 필요성을 나타내는 한편, require는 객관적인 필수 조건을 가리킨다.

informal (비격식적 표현) **formal (격식적 표현)**

start ➡ commence
시작하다 | 개시하다

start는 무엇인가가 시작됨을 나타내며, 일반적인 활동의 시작에 널리 사용된다.
commence는 이벤트나 프로젝트를 시작할 때 사용된다.

stop ➡ cease
멈추다 | 중지하다

stop은 동작이나 활동을 끝낸다는 의미다.
cease는 '완전히 멈추다'라는 뉘앙스로, 법률이나 업무상 활동의 중지에 자주 사용된다.

try ➡ attempt
시도하다 | 도전하다

try는 도전이나 시도 등에 가볍게 사용할 수 있는 표현이다.
attempt는 어려운 일에 대한 도전, 노력이나 실패의 위험이 따를 때 사용되는 경우가 많다.

live ➡ reside
살다 | 거주하다

live는 '살다'라는 의미다. reside는 '거주하다'라는 의미로, 공식적인 자리 외에도 '정착·영주하다'와 같은 장기적인 뉘앙스를 지닌다.

6-1 비즈니스 현장에서 자주 사용되는 격식 있는 단어 ③

격식의 형용사

TOEIC에 빈출하는 격식적인 형용사를 모아봤다. 정중한 표현인지 일상적인 표현인지 구분하는 것뿐만 아니라, 미묘한 뉘앙스 차이도 파악해두는 것이 중요하다.

informal (비격식적 표현) | **formal (격식적 표현)**

enough  sufficient

충분한 | 충분한

enough는 필요한 양이 충분하다는 의미다.
sufficient은 요구를 만족시킬 만큼의 양이 있다는 의미로, 비즈니스나 공식적인 문헌에서 사용된다.

famous  renowned

유명한 | 저명한

famous는 널리 알려져 있다는 의미로, 일반적으로 자주 사용된다.
renowned는 특정 분야에서 높은 평가를 받고 있는 경우에 사용된다.

lucky  fortunate

운이 좋은 | 행운인

lucky는 예상치 못하게 좋은 결과를 얻게 됨을 나타내는 표현이다.
fortunate은 선택뿐만 아니라 상황이나 환경에 의해 행운을 얻었음을 나타낸다.

old  elderly

나이 든 | 연로한

old는 나이를 나타내는 말이지만, 때로는 부정적인 뉘앙스를 포함하기도 한다.
elderly는 '연로한'이라고 표현하고 싶을 때 사용되는 정중한 표현이다.

뉘앙스가 다른 경우가 있으므로 주의

격식적 표현과 비격식적 표현은 단순히 정중한 표현인지 일상적인 표현인지의 차이뿐만 아니라, 미묘한 뉘앙스 차이를 가지는 경우도 있다. 예를 들어 famous와 renowned는 둘 다 '유명한'이라는 의미를 지니지만, renowned는 특정 분야에서 높은 평가를 받고 있는 경우에 사용된다. 또한 lucky는 예측할 수 없는 우연한 행운을 나타내는 반면, fortunate은 상황이나 환경에 의해 필연적으로 얻어진 행운을 표현한다.

informal (비격식적 표현) | formal (격식적 표현)

rich ⇒

| 부유한 | 부유한 |

rich는 금전적으로 부유함을 가리킨다.
wealthy는 규모가 큰 자산을 보유하고 있다는 의미로, 비즈니스나 금융 분야에서 많이 사용된다.

safe ⇒

| 안전한 | 안전한 |

safe는 위험이 없는 상태를 의미한다.
secure는 안전함에 더해, 외부적인 위험 요소나 불안 요소로부터 확실하게 보호받고 있다는 의미를 지닌다.

sure ⇒

| 확신하는 | 확신하는 |

sure는 주관적이며 개인적인 확신을 나타내는 반면,
confident는 증거나 경험에 기반한 보다 객관적인 확신을 나타낸다.

wrong ⇒

| 틀린 | 정확하지 않은 |

wrong은 법적으로나 도덕적으로 잘못된 경우에 사용되는 반면,
incorrect는 수치 등의 정보가 사실이나 정답과 일치하지 않는 경우에 사용된다.

6-1 비즈니스 현장에서 자주 사용되는 격식 있는 단어 ④

격식 있는 명사

TOEIC 시험에 빈출하는 격식적인 명사들을 모아봤다. 세밀한 뉘앙스 차이를 파악해두면 공식적인 자리에서 세련되게 표현할 수 있을 것이다.

informal (비격식적 표현)   **formal (격식적 표현)**

car ➡ vehicle

| 차 | 탈것 |

car는 일반적으로 자동차를 의미하는 반면, vehicle은 자동차뿐만 아니라 버스, 트럭, 오토바이 등 사람이나 물건을 운반하는 모든 탈것을 가리키는 광범위한 용어다.

chance ➡ opportunity

| 기회 | 좋은 기회 |

chance는 우연히 얻는 기회나 찬스를, opportunity는 노력이나 준비를 통해 능동적으로 얻는 좋은 기회를 나타낸다.

drink ➡ beverage

| 음료수 | 음료 |

drink는 일상에서 쓰는 넓고 친근한 표현(술 포함)이고, beverage는 메뉴판이나 격식 있는 환경에서 쓰인다.(주로 비알코올 음료)

goal ➡ objective

| 목표 | 목적 |

goal은 '목표'라는 의미로 널리 사용된다. objective는 달성해야 할 구체적인 목표나 목적을 나타내며, 비즈니스 등에서 자주 쓰인다.

'-tion'은 알기 쉬운 명사의 접미사

여기서 소개한 명사들 중에서 주목해야 할 것이 바로 접미사 -tion이다. -tion은 동사를 명사로 만드는 기능을 한다. 단어의 끝이 -tion으로 끝나는 것을 보면 명사일 가능성이 크며, -tion을 떼면 동사 형태로 바뀌는 경우가 많다. 예를 들어, occupation(명: 직무) ↔ occupy(동: 종사하다), location(명: 위치) ↔ locate(동: 위치를 특정하다)처럼 명사와 동사 관계를 이루는 단어들이 이에 해당한다.

informal (비격식적 표현) / formal (격식적 표현)

house ⇒ **residence**

| 집 | 거주지 |

house는 일반적으로 주거용 건물이나 건물 자체를 가리킨다. residence는 거주하는 장소 전반을 나타내며, 등기소나 주민등록 등 행정 문서에서 자주 사용된다.

job ⇒ **occupation**

| 직업 | 직무 |

job은 일상적으로 사용되는 직업이나 일. occupation은 주로 서류나 이력서 등 공식적인 자리에서 사용되는 표현으로, 직업이나 전문 분야를 나타낼 때 쓴다.

place ⇒ **location**

| 장소 | 소재지 |

place는 일반적인 장소를 가리키며, 캐주얼한 대화에서 자주 쓰인다. location은 특정한 소재지를 의미하며, 비즈니스나 공식적인 문맥에서 사용한다.

rule ⇒ **regulation**

| 규칙 | 법규 |

rule은 일반적인 규칙을 의미한다. regulation은 정부나 조직이 공식적으로 정한 규칙으로, rule보다 강제력이 강하다.

6-2 그런 뜻도 있다고!? 꼭 기억해두고 싶은 다의어 ①

'동작·행위' 관련 다의어

영어 단어에는 여러 가지 의미를 가진 '다의어'가 많이 존재한다.
여기서는 '동작·행위'와 관련된 다의어를 소개한다.

run

| ① 달리다 | ② 운영하다 |

'달리다'라는 기본 의미 외에 '운영하다, 경영하다'라는 의미도 있다. 또한 run long(오래 지속되다)처럼 '계속되다'라는 의미로도 사용된다.

check

| ① 확인하다 | ② 수표 |

동사로 '확인하다'는 의미로 자주 쓰이지만, 명사로는 medical check(건강검진) 같은 '확인' 의미 외에 '수표'라는 의미도 있다.

pay

| ① 지불하다 | ② 비례하다, 상응하다 |

'지불하다'는 기본 의미 외에 '주의나 존경을 표하다'는 의미로도 쓰인다. 또한 '값어치를 하다, 보람이 있다'는 의미로도 사용된다.

charge

| ① 청구하다 | ② 충전하다 |

'청구하다', '충전하다'는 의미로 쓰인다. 그 외에 '담당하다'는 의미도 있다. 이 경우는 in charge of ~이라는 관용 표현 형태로 쓰이는 경우가 대부분이다.

여러 가지 의미에 공통된 핵심 이미지를 파악하자

다의어는 언뜻 보면 전혀 연관성이 없는 여러 의미를 가진 것처럼 보이지만, 그 중에는 공통의 핵심 이미지를 바탕으로 파생된 의미들도 있다. 예를 들어 run은 '달리다'가 기본 의미이지만, '무언가가 계속 움직인다'는 핵심 이미지에서 '경영하다', '흐르다', '계속되다' 등의 의미로 확장된다. 이런 다의어의 핵심 이미지를 이해하면 기억하기도 쉽고, 문맥에 맞는 적절한 의미도 판단하기 쉬워진다.

address

① 처리하다 | ② 연설하다

address는 명사로 '주소'로 잘 알려져 있지만, 동사로는 '처리하다', '연설하다', '(수신인을)기재하다' 등 다양한 의미를 지닌다.

refer

① 참조하다 | ② 소개하다

refer는 '참조하다', '소개하다', '언급하다' 등의 의미가 있다. 'refer A to B'(A를 B에게 보내다 → B에게 A를 소개하다)처럼 '소개하다'는 뜻으로 쓸 수 있다.

fix

① 수리하다 | ② 고정하다

'수리하다', '고정하다' 등의 의미가 있다. 고장난 것을 고칠 때 자주 사용되지만, fix a problem(문제를 해결하다) 같은 표현도 있다.

compose

① 작곡하다 | ② 구성하다

주로 '작곡하다', '구성하다'는 의미로, 음악 작품이나 글을 쓸 때 사용된다. compose oneself(마음을 가라앉히다) 같은 표현도 있다.

'상태·성질' 관련 다의어

다의어가 가진 다양한 의미를 모두 기억하는 것은 어려울 수 있다. 하지만 원래 의미와 변천 과정을 이해하면 더 쉽게 파악할 수 있다.

stand

① 서다 ② 견디다

'서다'라는 기본 이미지에서, '입장을 유지하다, 상황에 굴복하지 않는다'는 뉘앙스가 파생되어 어려움을 '견디다'는 의미로 이어진다.

wear

① 입다 ② 닳다

옷 등을 '입다'가 기본 의미이지만, 계속 사용하여 '닳다'는 의미도 있다. 표정이나 태도를 '보이다'는 의미로도 쓰인다.

leave

① 떠나다 ② 휴가

'떠나다'는 의미와 '휴가'라는 의미가 있다. 후자는 take a leave(휴가를 얻다)처럼 명사로 사용된다.

content

① 만족한 ② 내용

'만족한'이라는 의미의 형용사와, 책이나 자료 등의 '내용'을 나타내는 명사가 있다. 형용사는 I'm content with my life.(나는 내 삶에 만족한다)처럼 사용한다.

원래 의미를 염두에 두고 다의어를 기억하자

다의어에는 원래 의미에서 진화하고 파생된 경우가 많다. 예를 들어 stand는 '곧게 서다, 서다'라는 의미에서 비유적으로 '견디다'라는 의미로 발전했다. 또한 wear는 물리적으로 '입다'는 의미에서 계속 사용한다는 개념과 연결되어 '닳다'는 의미로 확장되었다. 이처럼 다의어는 언어의 진화를 보여주는 사례가 많으며, 그 배경에 있는 이미지를 떠올리면 기억하기 쉬워진다.

anxious

① 걱정하는 | ② 간절히 바라는

'걱정하는'이 기본 의미이지만, 강하게 '간절히 바라다'는 의미도 지닌다. 이 단어는 불안감과 기대감을 모두 표현할 수 있어 문맥에 따라 구분해서 사용해야 한다.

matter

① 중요하다 | ② 문제

'중요하다'는 동사 의미와 '문제'라는 명사 의미가 있다. 'doesn't matter.(중요하지 않다)'는 일상 대화에서 자주 쓰이는 표현이다.

right

① 옳은 | ② 권리

형용사로는 '옳은'. 명사로는 '권리'라는 의미가 있다. 후자는 human rights(인권)처럼 사용된다. 물론 '오른쪽'이라는 의미도 있다.

last

① 마지막의 | ② 지속되다

'마지막의'라는 의미 외에, The meeting lasts for hours.(회의는 몇 시간 동안 지속된다)처럼 사물이 끝나지 않고 계속되는 상태도 표현할 수 있다.

6-2 이런 뜻도 있다고!? 꼭 기억해두고 싶은 다의어 ③

'물건·사물' 관련 다의어

'물건·사물'과 관련된 단어에도 여러 의미를 가진 다의어가 많다.
각각의 의미에서 공통되는 이미지를 찾아보자.

book

① 책 ② 예약하다

'책'을 가리키는 명사로 널리 알려져 있지만, 동사로 '예약하다'는 의미로도 사용된다. 이는 일정 등을 책(book)에 기록하는 데서 유래했다.

article

① 기사 ② 물품

'기사', '논문'을 가리키는 한편으로 '물품', '조항'이라는 의미로도 쓰인다. 또한 영문법 용어로 a/an, the와 같은 '관사'를 article이라고 한다.

story

① 이야기 ② 층수

'이야기'라는 의미의 명사로 가장 흔히 사용된다. 한편 '층수'라는 의미도 있으며, 이는 주로 미국 영어에서 사용되는 표현이다.

literature

① 문학 ② 인쇄물

일반적으로 '문학'을 가리키지만, 때로는 '인쇄물'이나 '문헌'을 의미하기도 한다. 예를 들어 인쇄물에서는 promotional literature(홍보 자료)처럼 사용된다.

상상력을 발휘해 핵심 이미지를 파악하자

겉보기에는 전혀 연관성이 없어 보이는 다의어라도, 어원이나 변천 과정을 살펴보면 공통의 핵심 이미지를 발견할 수 있는 경우가 있다. 예를 들어 story는 '이야기', '건물의 층수'라는 의미를 가지는데, 이는 서양의 오래된 건물에서 각 층마다 다른 '이야기'를 그린 장식이 있었던 데서 유래했다. firm은 원래 '단단한'이라는 의미였으며, 여기서 '튼튼한 기반을 가진 조직'으로서 '회사'의 의미가 생겨났다고 전해진다.

capital

① 수도 | ② 자금, 자본

'수도'를 가리키는 한편으로, The company needs more capital.(그 회사는 더 많은 자본이 필요합니다)처럼 '자금, 자본'의 의미로도 빈번히 사용된다.

firm

① 회사 | ② 단단한

'회사'라는 의미의 명사 외에, '단단한, 확고한'이라는 형용사로도 쓰인다. firm grip(단단한 움켜쥠)처럼 사용한다.

premise

① 건물 | ② 전제

복수형 premises로 '건물, 부지'를 의미한다. 단수형으로는 '전제, 가정'을 의미하며, 논의나 이론의 기초가 되는 개념을 가리킬 때 사용된다.

produce

① 농산물 | ② 생산하다

주로 명사로 '농산물'을 의미하며, '생산하다'라는 동사로도 널리 사용된다. 명사와 동사는 악센트와 발음이 다르므로 주의가 필요하다.

l / r이 다른 유사 단어

영어 단어에는 철자가 '한 글자만' 다르고 헷갈리기 쉬운 단어들이 많이 있다. TOEIC 리딩에서는 속독력이 필요하지만, 잘못 읽지 않도록 주의해야 한다.

allow [ə'laʊ]
허용하다

arrow ['ærəʊ]
화살

allow는 동사로 '허용하다'를 의미한다. arrow는 명사로 '화살, 화살표'을 가리키며, '애로우'로 발음한다.

bleed [bliːd]
출혈하다

breed [briːd]
사육하다

bleed는 '출혈하다'는 의미로, 의료나 사고 상황에서 자주 쓰인다. breed는 '사육하다', 번식하다'는 의미다. 스펠링은 한 글자 차이뿐이다.

bloom [bluːm]
꽃이 피다

broom [bruːm]
빗자루

bloom은 '꽃이 피다'라는 의미의 동사다. 한편 broom은 명사로 '빗자루'를 의미한다.

flame [fleɪm]
불꽃

frame [freɪm]
틀

flame은 '불꽃'을 의미하며, 불이나 열과 관련된 표현에 사용한다. frame은 '틀, 프레임'을 의미하며, 건축이나 구조와 관련된 명사다.

정확한 발음을 익히자

L과 R은 우리말로 표기하면 같은 'ㄹ'이지만, 알파벳으로는 완전히 다른 소리가 난다. 따라서 L과 R의 구분에 어려움을 느끼는 사람도 많겠지만, 전혀 다른 소리라는 인식을 가지고 정확한 발음을 제대로 익혀두면 듣고 구분하는 것은 그리 어렵지 않다. 또한, allow/arrow는 철자로는 L과 R의 차이뿐이지만, 발음이 완전히 다르므로 주의가 필요하다.

law [lɔː]
법률

law는 '법률'이라는 의미의 명사다. raw는 '날것의'라는 의미의 형용사로, raw data(가공하지 않은 데이터)처럼, 식재료 외에도 사용된다.

raw [rɔː]
날것의

link [lɪŋk]
연결, 연결하다

link는 명사로 '연결', 동사로 '연결하다'라는 의미다.
rink는 '스케이트장, 아이스하키장'을 가리키는 명사다.

rink [rɪŋk]
스케이트장

low [loʊ]
낮은

low는 '낮은'의 의미로, 음량이나 위치가 낮은 상태를 나타낸다. 한편, row는 '행'을 의미하며, 표 등에서 column(세로줄)과 함께 사용된다.

row [roʊ]
행(가로줄)

play [pleɪ]
놀다

play는 '놀다'로, 스포츠나 놀이에 사용하는 동사다. pray는 '기도하다'로, 종교적 또는 정신적인 행위로 신에게 기도할 때 사용한다.

pray [preɪ]
기도하다

PART 6 토익에서 자주 출제되는 단어

a와 u만 다른 유사 단어

영어에는 'a'와 'u'의 차이로 인해 헷갈리기 쉬운 단어들이 많다.
정확한 발음을 익혀 차이를 분명히 파악하자.

carve [kɑːrv]
조각하다

carve는 '조각하다'를 의미한다. curve는 도로나 강 등의 곡선, 굽은 부분을 가리킨다. 모음 부분이 다르므로 발음에 주의해야 한다.

curve [kɜːrv]
곡선

crash [kræʃ]
충돌하다

crash는 '충돌하다'. crush는 '으깨다'를 의미하는 동사다. 둘 다 '크래시'로 들릴 수 있지만 모음이 달라 주의가 필요하다.

crush [krʌʃ]
으깨다

drag [dræg]
끌다

drag는 '끌다'라는 동사이고, drug는 '약물'을 의미하는 명사다. 모음 부분이 달라 발음에 유의해야 한다.

drug [drʌg]
약물

farther [ˈfɑːrðə(r)]
(물리적으로) 더 먼

farther는 물리적인 거리를 나타낼 때 사용하며, further는 측정할 수 없는 추상적인 거리를 표현할 때 쓴다. 의미와 발음이 비슷해 구분하기 어려운 단어다.

further [ˈfɜːrðə(r)]
(추상적으로) 더 먼

【æ】와 【ʌ】 발음 차이를 마스터하자

여기서 소개한 단어들은 철자로는 a와 u의 차이가 있지만, 우리말 발음으로 표기하면 둘 다 비슷하게 들리는 단어 쌍이다. 특히 자주 등장하는 것이 【æ】와 【ʌ】의 구분이 필요한 단어 쌍이다. 【æ】 발음은 '에'와 '아'의 중간쯤 되는 소리로, 조금 길게 발음된다. 【ʌ】 발음은 낮고 짧게 '어' 또는 '아' 소리처럼 들린다 (예: cup의 u). 이 두 발음의 차이를 발음 교재나 음성 자료로 확실히 인지하고, 직접 따라 말해보며 연습하면, 두 단어를 전혀 다른 단어로 정확히 구별해서 기억할 수 있다.

flash [flæʃ]
섬광

'섬광'을 의미하는 flash는 카메라의 '플래시'로 친숙하다. flush는 '세차게 흘려보내다'는 의미 외에도, 부끄러움으로 '얼굴이 붉어지다'는 의미도 있다.

flush [flʌʃ]
세차게 흘려보내다

lack [læk]
부족

lack은 '부족'을 의미하며, 무엇인가 모자라는 상태를 나타낸다. luck은 '운'으로, 우연이나 운명과 관련된 용어다. 모음 부분이 달라 발음에 주의가 필요하다.

luck [lʌk]
행운

rash [ræʃ]
경솔한

rash는 '경솔한'을 의미하며, 부주의나 충동적인 행동을 가리킨다. rush는 '서두르다'는 의미로, 신속히 행동함을 표현한다. crash/crush의 【k】 발음을 뺀 발음이다.

rush [rʌʃ]
서두르다

track [træk]
추적

track은 '추적, 궤도'를 의미하며, 사물의 진행 상황을 쫓는 것이다. truck은 화물 운반용 차량 '트럭'을 가리킨다. 모음 부분이 달라 주의해야 한다.

truck [trʌk]
트럭

6-3 철자가 비슷해 헷갈리기 쉬운 단어 ③

철자가 유사한 단어 ①

철자와 발음이 비슷하지만 뜻이 전혀 다른 영어 단어들을 모아보았다. 얼핏 들으면 비슷하게 느껴질 수 있지만, 영어에서는 철자도 다르고 의미도 완전히 다르기 때문에 주의해서 구분해야 한다.

break [breɪk]
깨다

break는 '깨다'라는 의미의 동사다. brake는 '브레이크'를 의미하는 명사로, 동사로는 차량 등을 정지시킨다는 의미다. 발음이 같으므로 문맥으로 판단해야 한다.

brake [breɪk]
브레이크

confirm [kənˈfɜːrm]
확인하다

confirm은 정보나 일정이 정확한지 '확인'할 때 사용한다. conform은 규칙이나 기준에 '따르다'는 의미. 발음은 모음의 [ɜːr]과 [ɔːr] 차이가 포인트다.

conform [kənˈfɔːrm]
규칙에 따르다

neat [niːt]
깔끔한

neat는 정돈되어 있는 모습을 말한다. 발음이 같은 NEET(Not in Education, Employment, or Training의 약어)는 직업 훈련이나 교육 중이 아닌 무직자를 가리킨다.

NEET [niːt]
니트(무직자)

peace [piːs]
평화

peace는 전쟁이나 다툼이 없는 '평화'를 의미하며, piece는 '조각, 부분'을 의미한다. 발음이 완전히 같으므로 문맥으로 구분해야 한다.

piece [piːs]
조각

철자 차이도 확실히 기억하자

한국어로 영어 단어를 소리 나는 대로 쓰면, 길게 들리는 소리를 '어'나 '우'처럼 표현하는 경우가 많다. 하지만 영어에서는 같은 소리처럼 들려도 발음기호가 다르거나, 철자가 다르지만 발음이 같은 경우도 있다. 또한 길게 들리는 소리라고 해도, 단순히 길게만 발음하는 것이 아니라 [eɪ]나 [uː]처럼 이중모음인 경우도 있다. 그래서 영어 단어는 소리뿐 아니라 철자와 발음기호까지 함께 익히는 것이 중요하다.

plain [pleɪn]
무늬 없는

plain은 '무늬 없는', '꾸밈없는'이라는 뜻의 형용사이고, plane은 '비행기'이다. 철자도 다르고 뜻도 다르지만, 발음이 비슷하게 느껴져 헷갈리기 쉽다. 구별하기 위해서는 문맥에서 파악하는 것이 중요하다.

plane [pleɪn]
비행기

pole [poʊl]
막대, 기둥

pole은 '막대, 기둥'을 의미하며, 수직으로 세워지는 지주 등을 가리킨다. poll은 '여론조사'를 의미하며, 의견이나 지지율 등을 조사할 때 사용한다. 둘 다 발음은 같다.

poll [poʊl]
여론조사

precede [prɪˈsiːd]
선행하다

precede는 다른 것보다 먼저 행해지는 것을, proceed는 다음 행동으로 옮겨가는 것을 가리킨다. 둘 다 동사이며, 발음 차이는 처음 부분의 [prɪ]와 [prə]이다.

proceed [prəˈsiːd]
진행하다

source [sɔːrs]
근원

source는 '근원, 기원'을 의미하며, 사물의 유래나 원인을 나타낸다. sauce는 '소스'를 의미하며, 요리에 사용하는 조미료를 가리킨다. 철자도 발음도 미묘하게 다르다.

sauce [sɔːs]
소스

철자가 유사한 단어 ②

a나 e 등 철자가 비슷해 혼동하기 쉬운 단어들을 모아봤다.
특히 주의해야 할 것은 동음이의어다.

affect [əˈfekt] / effect [ɪˈfekt]

영향을 주다 / **효과, 영향**

affect는 '영향을 주다'라는 의미의 동사로, 무언가에 영향을 미치는 동작을 나타낸다. effect는 '효과'나 '영향'이라는 의미의 명사다.

stationary [ˈsteɪʃəneri] / stationery [ˈsteɪʃəneri]

움직이지 않는 / **문구류**

stationary는 '움직이지 않는'이나 '정지한'이라는 의미의 형용사이며, stationery는 '문구류'나 '사무용품'을 가리키는 명사다. 발음이 같아 혼동하기 쉬우므로 주의해야 한다.

adapt [əˈdæpt] / adopt [əˈdɑːpt]

적응하다 / **채택하다**

adapt는 환경이나 상황에 맞춰 '적응하는 것'을, adopt는 새로운 아이디어나 방법을 '채택하는 것'을 의미한다. 모음 [æ]와 [ɑː]의 발음 차이에 유의해야 한다.

complement [ˈkɒmplɪmənt] / compliment [ˈkɒmplɪmənt]

보완물 / **칭찬**

complement는 '보완하다, 보완물'의 의미로 동사와 명사로 사용된다. "Wine complements the meal."(와인은 식사를 돋우어 준다)처럼 사용된다. compliment는 '칭찬'의 의미로 동음이의어다.

동음이의어에 주의하자

영어 단어 중에는 철자는 다르지만 발음이 완전히 같은 '동음이의어'가 있다. ate/eight, our/hour, new/knew 등 일상 회화에서도 자주 쓰이는 간단한 단어부터, 여기 소개된 stationary/stationery, complement/compliment 같은 긴 철자의 단어들도 있다. TOEIC 리스닝에서는 아직 문맥이 보이지 않는 단계에서 즉각적으로 올바른 단어를 알아듣는 능력이 요구되므로, 양쪽 의미를 모두 알고 있어야 한다.

ensure [ɪnˈʃʊr]
확보하다

ensure는 '확보하다, 보장하다'는 의미이고, insure는 '보험을 들다'는 의미다. 처음 철자는 다르지만 발음은 완전히 같다.

insure [ɪnˈʃʊr]
보험을 들다

base [beɪs]
기초, 기지

base는 '기초, 기지'의 의미고, vase는 '꽃병'으로 발음은 [veɪs] 또는 [vɑːz](영국식 영어)다. b와 v의 차이로 발음이 비슷해 리스닝 시 주의가 필요하다.

vase [veɪs] 또는 [vɑːz]
꽃병

advice [ədˈvaɪs]
조언 (명사)

advice는 명사로 '조언'을 나타내며, 어미가 [s] 발음이다. advise는 동사로 '조언하다'를 나타내며, 어미는 [z] 발음이다. -ce와 -se의 차이로 어미 발음이 다르다.

advise [ədˈvaɪz]
조언하다 (동사)

device [dɪˈvaɪs]
기기

device는 명사로 '기기, 장치'를, devise는 동사로 계획이나 아이디어 등을 '고안하다'는 의미다. 어미의 [s]와 [z] 발음 차이에 유의해야 한다.

devise [dɪˈvaɪz]
고안하다

PART 6 토익에서 자주 출제되는 단어

철자가 유사한 단어 ③

스펠링이 약간 다르거나, 아주 흡사한 단어는 종종 있다. 긴 글을 읽거나 말할 때 의미를 잘못 이해할 수 있으므로, 확실히 구분하여 익혀두자.

achieve [əˈtʃiːv]
달성하다

achieve는 목표 등을 '달성하다'라는 의미의 동사이다. archive는 '기록, 아카이브'를 가리키는 명사이다. 스펠링은 비슷하지만 발음과 뜻이 매우 다른 단어이다.

archive [ˈɑːrkaɪv]
기록, 아카이브

anonymous [əˈnɑːnəməs]
익명의

anonymous는 '익명의'를 의미한다. unanimous는 '만장일치의'를 의미한다. 철자와 발음이 비슷해 헷갈리기 쉬우므로, 뜻과 함께 확실히 구분해서 기억하자.

unanimous [juˈnænəməs]
만장일치의

cooperation [kòuˌɑːpəˈreɪʃən]
협력

cooperation는 사람들이 함께 힘을 모아 '협력'하는 것을 뜻하며, co (함께) + operate (일하다)로 구성된 단어이다. corporation은 '법인, 기업체'로, 사회의 일부로서 법인격을 갖는 조직을 말한다.

corporation [kɔːrpəˈreɪʃən]
법인

dinner [ˈdɪnər]
저녁 식사

dinner는 '저녁 식사'이다. diner는 '식사 손님, 식당 손님'을 의미하며, n/n의 소리가 길게 들린다. diner는 '작은 식당'이나 '간이식당', 또는 디저트(dessert) 카페를 뜻할 때도 있다.

diner [ˈdaɪnər]
식사 손님

읽기 헷갈리거나 혼동하기 쉬운 단어의 암기법

스펠링이 비슷해서 혼동하기 쉬운 단어는, 구성 요소를 나누어 뜻을 확실히 파악하는 것이 학습의 열쇠가 된다. 예를 들어, anonymous(익명의)는 an(부정) + onym(이름), unanimous(만장일치의)는 uni(하나) + anim(마음)에서 유래된 것이라 보면 이해하기 쉽다. 마찬가지로 reminder(상기시켜 주는 것)는 re(다시) + mind(마음에 새기다)로, remainder(남은 것, 나머지)는 re(다시) + main(머무르다)로 구분할 수 있다.

directly [dəˈrektli]
직접적으로

directly는 '직접적으로'라는 뜻의 부사이다. 발음은 directory와 유사하지만, 철자 일부가 다를 뿐이므로 단어 전체를 정확히 기억하는 것이 중요하다. directory는 '명부, 주소록'을 뜻하는 명사이다.

directory [dɪˈrektəri]
명부, 주소록

except [ɪkˈsept]
제외하다

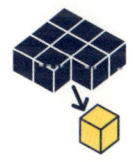

except는 '제외하다'라는 의미의 전치사 또는 동사이다. expect는 '기대하다'를 뜻하는 동사이다. 주로 미래의 어떤 일을 예상하거나 기대할 때 사용된다.

expect [ɪkˈspekt]
기대하다

personal [ˈpɜːrsənl]
개인적인

personal은 '개인적인'이라는 뜻으로, 자신의 감정이나 의견을 나타낼 때 사용된다. personnel은 '인원'이나 '인사부'를 뜻하는 명사이다. 발음의 강세 위치에 주의해야 한다.

personnel [ˌpɜːrsəˈnel]
인원, 인사

reminder [rɪˈmaɪndər]
상기시키는 것, 알림

reminder는 어떤 일을 떠올리게 하기 위한 도구나 물건을 말한다. 예: '리마인더 설정' remainder는 '남겨진 부분이나 남은 양'을 의미한다.

remainder [rɪˈmeɪndər]
잔여, 나머지

찾아보기

A

a bag of	76
a bar of	76
a bit of	78
a bottle of	74
about	45、47
above	38
a bowl of	75
a box of	77
absence	163
absolutely	30
a bunch of	76
a can of	74
a carton of	74
accept	166
accomplish	115
accurate	140、178
achieve	216
a couple of	78
across	42
act	114
active	163、178
a cup of	74
adapt	214
address	203
adopt	214
a dozen (of)	78
a drop of	77
advance	166
advice	215
advise	215
a few (of)	78
affect	214
afraid	139
after	46
against	45
a glass of	74
agree	182
ahead	171
a jar of	75
a little (of)	78
allow	166、208
a loaf of	75
along	42
a lot of	79
always	28
amazed	67
amazing	156
amiable	69
among	40
amplify	173
analyze	133
an array of	79
ancient	148
animated	67
anonymous	216
answer	194
a number of	79
anxious	139、205
a packet of	76
a pair of	77
a piece of	75
apparent	140
appear	182
apply for	95
appraise	133
a range of	79
archive	216
argue	131
a roll of	76
around	41
arrive	166
arrow	208
article	206
artificial	164
as	44
ascend	174
a set of	77
a sheet of	77
ask	194
ask for	94
a slice of	75
assemble	182
assert	130
assess	132
assist	196
astonished	67
at	33、35
at ease	66
atop	39
attach	167
attempt	197
attenuate	173
audit	133
authentic	164
available	180
a variety of	79
awesome	156
awful	143

B

back up	87
bake	50
base	215
beautiful	140
before	46
behind	41、171
believable	180
below	38
beneath	39
benevolent	144
beside	41
besides	45
between	40
beverage	200
beyond	39
big	136
bleed	208
blend	51
bloom	208
boil	50
boiling	155
book	206
boost	172
boring	143
brake	212
brave	144
break	122、212
break down	88
break up	86
breed	208
brief	149
bright	146
brilliant	146
bring up	87
broad	136、164
broom	208
brush	54
brush one's teeth	59
build	121
burned out	66
buy	194
by	44、47

C

call	20
call for	94
call in	91
call off	84
calm	66
calm down	89
capital	207
car	200
care for	95
careful	186
careless	186
carry	56
carry out	93
carve	210
cause	168
catch some z's	119
catch up (with)	86
catnap	118
cease	197
certain	180
certainly	159
certainly not	30
chance	200

change	126	corporation	216	disappointed	65
charge	202	correct	125, 140	disassemble	182
chat	21	count on	82	discard	57
check	195, 202	cozy	141	discomfort	182
cheer	194	crack	52, 122	disconnect	183
cheerful	68	craft	120	discontinue	183
childish	71	crash	210	dishonest	183
chilled-out	66	create	120	dislike	183
chilly	147	crossing one's arms	61	display	129
chop	52	crouching	60	distant	137
claim	130	crowded	143	distinct	141
clean	140	crucial	154	divide	173
clear	146, 180	crush	123, 210	do	114
climb	175	curve	210	do homework	58
collapse	123	cut	52	down	38
come across	100	cut down	88	doze off	118
come along	101	cut in	91	drag	210
come apart	101	cut off	84	drink	200
come back	100			drop	174
come by	101	**D**		drop off	85
come from	100	damage	122	drug	210
come off	101	dangerous	143	dull	154
come out	101	dark	146	during	46
come over	100	deafening	155	dust	54
come through	100	declare	131		
come up (with)	86	decline	174	**E**	
come up with	111	decrease	172	eager	67, 138
comfort	182	definitely	30	early	171
comfortable	66	deflate	173	easy	142
commence	197	deflation	168	effect	214
compassionate	144	defrost	53	effective	178
complain	167	delayed	170	eject	184
complement	214	deliberate	116	elated	64
completely	158	delicate	145	elderly	198
complex	141, 165	delighted	64	elevate	175
complicated	141	demand	168	emigrate	185
compliment	214	demolish	123, 167	emphasize	131
compose	203	demonstrate	129	employee	162
conduct	115	depart	166, 196	employer	162
confident	199	depend on	82	encourage	194
confirm	212	dependent	178	end	195
conform	212	depress	175	enlarge	172
confused	139	depressed	65	enormous	157
connect	183	descend	174	enormously	159
consider	116	detach	167	enough	198
considerate	69	determined	138	enraged	138
construct	121, 167	device	215	ensure	215
contemplate	116	devise	215	enthusiastic	67
contemporary	148	different	141	entirely	158
content	204	difficult	142	estimate	132
continue	183	dim	146	evaluate	132
continuous	149	diner	216	even	137
contract	172	dinner	216	exceedingly	158
convert	127	directly	217	except	217
cool	147	directory	217	exceptional	157
cook dinner	58	disagree	182	exceptionally	158
cooperation	216	disappear	182	excited	67

exclude	184	further	210	greatly	159
execute	115			grill	50
exhale	184	**G**		grind	52
exhausted	66	gaze	18	grow	174
exhibit	129	generate	120	guest	162
expand	172	generous	144		
expect	217	get	195	**H**	
expenses	168	get across	103	hand in	90
expensive	179	get ahead	103	hand out	93
export	184	get along with	111	hang	56
extraordinary	157	get around	103	hang out	92
extravagant	141	get away	102	happy	64
extremely	158	get back	102	hard	142
		get by	102	hardly	30
F		get down	89	hardly ever	28
fake	164	get dressed	59	hasty	70
fall	174	get in	90	have lunch	59
fall asleep	119	get into	103	heal	125
false	165	get off	85	help	196
familiar	181	get on	83	helpful	186
famous	198	get out	93	helpless	186
fantastic	156	get over	102	heroic	144
faraway	137	get rid of	110	highly	158
farther	210	get through	102	hold on	83
fast	170	get together	103	honest	144、183
fed up	66	get up	59、86	honored	138
fickle	70	give	195	hope for	94
figure out	92	give back	109	hopeful	186
fill in	90	give in	109	hopeless	186
fill out	93	give off	109	host	162
find out	92	give out	109	house	201
firm	207	give up	109	huge	142
fix	124、203	glad	64	humble	145
flame	208	glance	19		
flash	211	gloomy	65	**I**	
flat	137	go	196	immediate	149
flexible	164	go ahead	98	immigrate	185
flip	51	goal	200	impolite	145
flush	211	go around	99	import	184
flustered	139	go away	99	important	181
focus on	82	go back	98	impressed	67
fold	57	go by	99	improve	173
follow	167	go for	98	in	32、34
for	44	go home	58	inaccurate	178
forceful	153	go off	84	inactive	178
forgetful	70	go on	83	inbound	185
formal	179	go out	92	include	184
former	148	go over	98	income	168
fortunate	198	go through	98	in control	190
frail	153	go to bed	58	incorrect	199
frame	208	go to work	59	increase	172
freeze	53	go with	99	incredible	156
freezing	155	go wrong	99	independent	178
frequently	28	gradual	170	indicate	128
from	43	grand	157	indoor	185
fry	50	great	157	ineffective	178
furious	152	greatest	142	inexpensive	179

in fashion	191	
inflate	173	
inflation	168	
inform	196	
informal	179	
inhale	184	
inject	184	
innovative	154	
in order	190	
input	185	
in season	191	
in service	191	
in shape	191	
inside	40	
insist	130	
instant	149	
in stock	190	
insufficient	179	
insure	215	
intelligent	153	
into	42	
in use	190	
invisible	179	

J

job	201
join in	91
joyful	64、186
joyless	186
judge	132

K

keen	138
keep at	105
keep away	104
keep back	105
keep down	105
keep from	105
keep in	104
keep in touch	111
keep off	104
keep on	104
keep out	104
keep to	105
keep up	87
kick off	85
kind	68
kneeling	60
knock down	89

L

lack	211
laid-back	66
landlord	162
large	136
last	205
late	171

law	209
lay down	89
lay off	85
lead	167
leaning	61
leap	175
leave	204
lengthy	149
lift	56
like	183
likely	181
link	209
listless	66
literature	206
little	136
live	197
location	201
long	149
look	18
look for	94
look forward to	110
look up to	110
loss	169
low	209
lower	56
luck	211
lucky	198
luxurious	141
lying	61
lying on one's back	61
lying on one's stomach	61

M

major	165
make	120
make for	108
make into	108
make of	108
make out	108
make over	108
make up	86
make up for	111
mandatory	163
manufacture	121
marvelous	156
massive	154
matter	205
maximum	142
maybe	30
mean	70
meaningful	187
meaningless	187
mend	124
minor	165
miserable	65
mix	51
modern	148

modest	145
modify	126
monitor	18
monotonous	143
most likely	30
mull	117
multiply	173
mutter	21

N

nap	118
narrow	136、164
natural	164
near	41
neat	212
necessary	181
need	196
NEET	212
nervous	139
never	28
new	148

O

objective	200
observe	19
obvious	140
occasionally	28
occupation	201
odd	145
of	44
off	43
often	28
old	148、198
on	33、35
ongoing	149
onto	42
opponent	162
opportunity	200
opposite	41
optimistic	68
organized	69
out	40
outbound	185
outdated	171
outdoor	185
out of control	190
out of fashion	191
out of order	190
out of season	191
out of service	191
out of shape	191
out of stock	190
out of use	190
output	185
outside	40
outstanding	157
over	38

221

P

packed	143
passionate	69
passive	163
patch	124
pay	202
pay for	95
peace	212
peculiar	145
peel	52
per	47
perform	114
perhaps	30
perilous	143
permanent	165
personal	217
personnel	217
pessimistic	71
pick up	87
piece	212
place	201
plain	213
plane	213
play	209
pleased	64
point	128
point out	92
pole	213
polish	54
poll	213
ponder	117
positively	159
possibly	30
pour	53
practice	114
praise	167
pray	209
precede	213
premise	207
presence	163
present	129
press	130
pretty	140
previous	148
private	169
proactive	69
probably	30
proceed	213
produce	121、207
profit	169
prohibit	166
prompt	170
proponent	162
proud	138
provide	195
public	169
punctual	171
purchase	194
pure	140
pushy	70
put down	89
put off	85
put on	83

Q

quality	169
quantity	169
quick	170
quiet	71

R

raging	138
raise	174
rapid	170
rapturous	67
rash	211
rate	133
raw	209
really	159
receive	195
recent	148、171
reckless	71
reduce	172
refer	203
reflect	117
regulation	201
reject	166
relaxed	66
reliable	68
reluctant	139
rely on	82
remainder	217
remarkable	157
remarkably	159
reminder	217
remote	137
renovate	125
renowned	198
repair	124
replace	127
request	194
require	196
reside	197
residence	201
respond	194
restore	125
result	168
retail	169
retreat	166
revise	127
rich	199
right	205
rigid	164
rink	209
rinse	55
rise	174
roll	57
roomy	137
row	209
rude	145
rule	201
run	202
run out of	110
rush	211

S

sad	65
safe	199
sanitize	55
sauce	213
say	20
scan	19
scared	139
scrub	54
secluded	137
secure	199
see	18
seldom	28
send for	94
sensitive	145
set up	87
shake	53
shift	126
short	149
shout	21
show	128
shrink	172
shut down	88
significantly	159
sign in	91
silky	147
simple	142、165
since	46
sincere	144
sink	175
sitting	60
skillful	187
skillless	187
slide	175
slim	136
slouching	60
slow	170
slow down	88
sluggish	170
slumber	119
small	136
smart	68
smash	123
smooth	147
snooze	118
snore	119

snug	141	talk	20	useless	187
soft	147	talkative	71	usually	28
sometimes	28	tardy	171		
sorrowful	152	tear	122	**V**	
source	213	tell	20, 196	vacuum	55
spacious	137	temporary	165	vase	215
speak	20	tenant	162	vast	142
speculate	117	tender	147	vehicle	200
spread	53	tepid	147	verify	195
spring	175	terminate	195	versus	45
stack	56	terrible	143	very angry	152
stand	204	terrific	156	very big	154
stand for	95	think	116	very boring	154
standing	60	thoroughly	158	very busy	152
stand up for	111	thoughtful	144, 187	very cold	155
stare	19	thoughtless	187	very colorful	155
start	197	thrilled	67	very creative	154
starving	152	through	42	very hot	155
state	131	throughout	43, 47	very hungry	152
stationary	214	tie	57	very important	154
stationery	214	timid	153	very noisy	155
steam	50	tired	66	very sad	152
stew	51	to	43	very shy	153
stir	51	totally	158	very smart	153
stop	197	toward	43	very strong	153
story	206	track	211	very weak	153
stunned	67	transform	126	vibrant	146, 155
subordinate	163	transparent	146	vice	45
sufficient	179, 198	tremendous	157	view	19
suggest	128	truck	211	visible	179
superb	156	true	165	vivid	146
superior	163	truly	159	voluntary	163
supply	168	try	197		
sure	138, 199	tumble	175	**W**	
surely	30	turn down	88	wait for	95
surprised	67	turn in	90	walk in	91
swamped	152	turn off	84	warm	147
sweep	55	turn on	83	watch	18
switch	127			wealthy	199
		U		wear	204
T		unanimous	216	weary	66
take a bath	58	unavailable	180	whine	21
take after	107	unbelievable	156, 180	whisper	21
take along	107	uncertain	180	wholesale	169
take away	106	unclear	180	wide	136
take back	107	under	39	wipe	54
take care of	110	undertake	115	with	44
take down	106	unfamiliar	181	within	47
take for	107	unhappy	65	work out	93
take in	90	unimportant	181	worsen	173
taken aback	67	unlikely	181	wrap	57
take off	84	unnecessary	181	wring	55
take on	82	until	46	wrong	199
take out	106	unwilling	139		
take over	106	up	38		
take to	107	upon	39		
take up	106	useful	187		

223